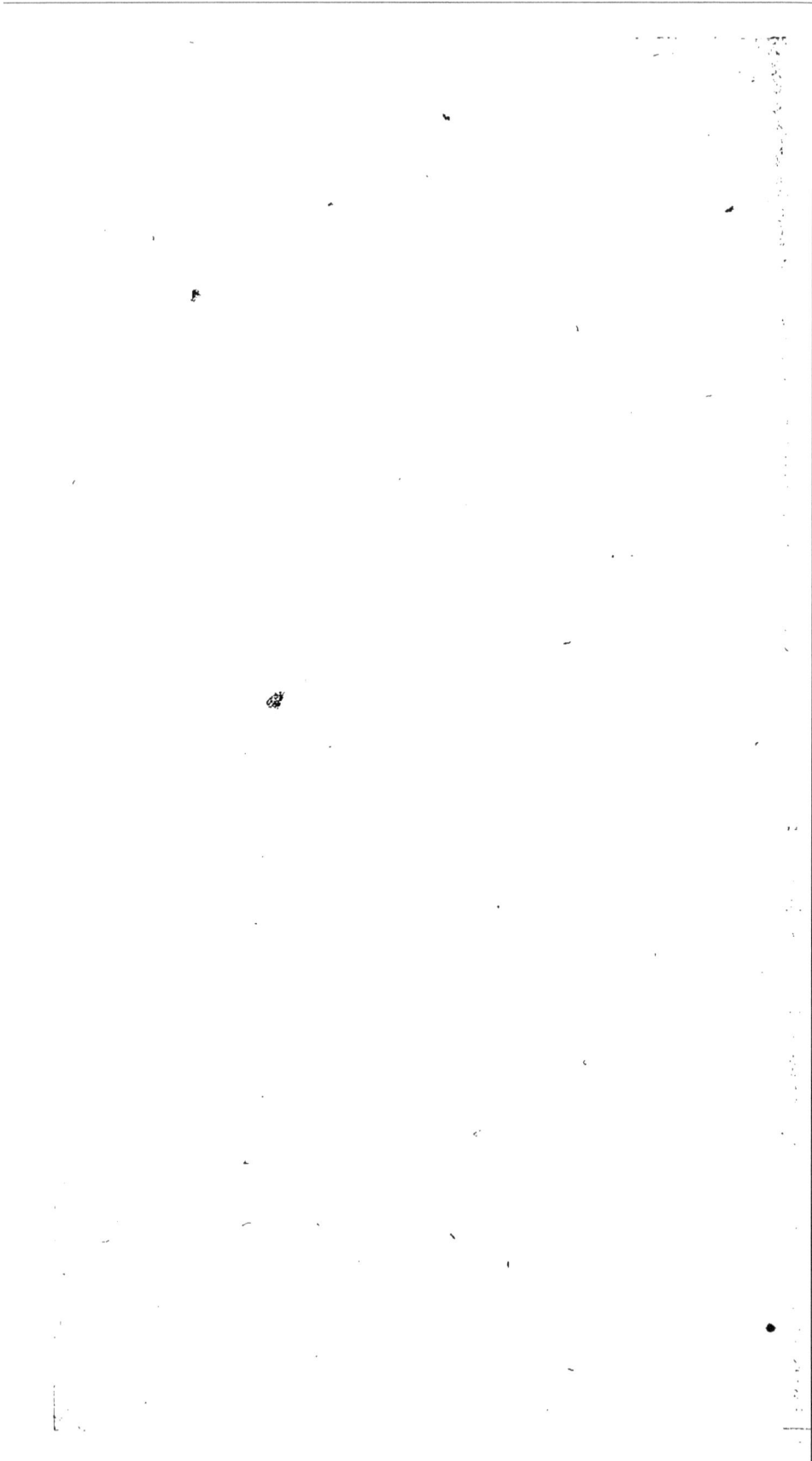

# RÉPONSE

## AUX RÉFLEXIONS DE M. LE BARON D'EGGERS

### SUR LA NOUVELLE NOBLESSE HÉRÉDITAIRE DE FRANCE,

#### PAR M. LE CHEVALIER DE LA COUDRAYE,

Emigré français, Député de la Noblesse du Poitou aux Etats-généraux de France de 1789, de plusieurs Académies.

à SAINT-PETERSBOURG

de l'Imprimerie de la marine.

1813.

Imprimatur.

An. 1813. die 13 Septembri Petropol.

Censor Iacencoff.

---

ПЕЧАТАТЬ ПОЗВОЛЯЕТСЯ

Съ тѣмъ, чтобы по напечатаніи до выпуска въ продажу представлено было въ Цензурный Комитетъ: одинъ экземпляръ сей книги, для Цензурнаго Комитета, другой для Департамента Министерства просвѣщенія, два экземпляра для ИМПЕРАТОРСКОЙ публичной библіотеки, и одинъ для ИМПЕРАТОРСКОЙ Академіи Наукъ. Санктпетербургъ, 1813 года, Сентября 13 дня.

Цензоръ, Коллежскій Совѣтникъ и Кавалеръ Гр. Яценковъ.

# *Avertissement.*

M. d'Eggers, Procureur-Général du Roi
de Dannemarc dans les Duchés de Slesvic
et de Holstein, le dernier Baron du Saint
Empire romain qu'ait crée l'Empereur d'Allemagne avant l'établissement révolutionaire
de la confédération du Rhin, publia en
1808, à Lunebourg chez Hérold et Wahlstar,
des *réflexions sur la nouvelle Noblesse héréditaire en France,* dont il fit deux éditions,
une française et une allemande. Cet écrit,
répandu ainsi dans les deux langues, me
parvint à Copenhague, et je ne crus pas
qu'un Député de la Noblesse de la grande
province du Poitou aux Etats-généraux de
France de 1789 pût se taire en pareille
circonstance. Je répondis donc; mais des

obstacles, apartenans au tems, m'empêchè-rent absolument de publier cette réponse. Je le fais aujourdui, parcequ'il est en mon pouvoir de le faire, et que je le regarde comme un devoir.

Il me semble convenable aussi de rap-porter l'écrit de M. le Baron d'Eggers, et de le donner exactement tel qu'il est dans l'édition française, et numeroté de même par pages. On y verra la preuve que je ne cherche point à affoiblir ses raisons. Quoi-que placé après la réponse, le lecteur sera ibre de le lire le premier.

Ayant parlé des cahiers de la Noblesse du Poitou aux Etats-généraux de 1789, j'ai pensé, par un motif semblable, devoir les faire connoître. Je les donne accompa-gnés de quelques pièces accessoires, qui y étoient jointes dans une édition précédente.

Au reste, je n'ai rien voulu changer à

ma réponse, telle qu'elle fût écrite dès le principe, et qu'elle fût communiquée à M. le Baron d'Eggers lui-même. Cependant les événemens postérieurs à cette époque, et notament les campagnes de 1812 et de 1813, me donneroient bien le droit d'insister sur la justesse de plusieurs de mes observations.

J'ai lu les *réflexions sur la nouvelle Noblesse héréditaire en France,* de M. le Baron d'Eggers; et en vous renvoyant cet écrit j'y joins quelques observations.

Oui certes, dans une monarchie, la noblesse héréditaire est un des plus puissans ressorts du gouvernement,; et M. le Baron d'Eggers a raison de soutenir cette proposition. Il n'apartenoit qu'aux prétendus Philosophes et Savans du dix-huitième siècle de méconoître une telle vérité; et il a fallu le concours de l'impéritie et de l'amour propre d'avocats, de procureurs, et d'autres hommes sans propriétés appellés par un Ministre ignorant ou perfide à être les législateurs de leur pays, pour y voir attaquer cette antique institution, base de la grandeur de la France.

J'ai reconu dans l'opinion de M. *Tétens* sur
la noblesse, rapportée à la page 55, l'excel-
lence du jugement de cet ancien ami; et M.
le Comte de *Melzy*, qui a tant démérité de
son pays et de l'Europe, a dit du moins une
grande vérité en avançant que l'histoire con-
sacreroit une Noblesse malgré tous les efforts
contraires. L'auteur de l'esprit des lois a dit
plus encore, puisqu'il assure qu'il ne peut
y avoir de monarchie sans Noblesse, ni de
Noblesse sans monarchie.

Cependant comme les éloges approbatifs
de M. le Baron d'Eggers portent exclusive-
ment sur la nouvelle Noblesse de France;
qu'il dit, page 20, ,,que ce fût un trait de
profonde sagesse que de donner une autre
forme à la noblesse héréditaire; " page 52,
,,que ce n'est que dans le statut de Napoléon
le Grand que l'esprit politique de cette institution a été rétabli dans toute sa pureté; "
et qu'il vante encore cette même institution
dans plusieurs autres passages; je cesse alors
d'être d'accord avec lui. Je ne prends point
le change en confondant tout ce qu'il plairoit
d'appeller Noblesse; et ses raisons ne me
semblent pas plus convaincantes que les

citations qu'il fait du discours d'établissement prononcé par M. Cambacérès, pages 29, 36, 41. Entrons sur cela dans quelques détails.

La Noblesse, dans tous les pays et dans tous les tems, dut son origine à de grandes actions utiles à la masse du peuple; et comme ces actions sont produites par des sentimens que l'on qualifie alors de vertu, beaucoup de moralistes disent aussi que la vertu est l'origine de la noblesse. On ne peut disconvenir que la guerre ne fournisse les occasions les plus importantes et les plus fréquentes d'être ainsi utile à toute une nation. On bénit, on honore jusque dans ses descendans, le militaire qui, aux dépens de sa vie, et de ses jouissances, protégea les frontières, fit respecter les usages, préserva des violences de l'ennemi. Mais il ne faut pas perdre de vue, que la vertu seule doit présider à ces actions et les diriger. Sans cela la guerre n'est plus qu'une calamité qui effraie les peuples. *Attila* fut certes un très grand guerrier; cependant son nom ne rappelle encore qu'un brigand qui s'intituloit lui-même le fléau de Dieu. Que pensons-nous des vainqueurs du Mexique et du Pérou? Et à peine connoît-on le nom des chefs des Flibustiers qui étonèrent le monde par la grandeur de leur courage et par des faits d'armes qui sembloient au dessus de l'humanité.

Si l'on suppose à présent qu'un Parvenu ait réussi à se saisir d'une couroue; qu'il ait envahi le trône par l'injustice et des violences; qu'il ait troublé le monde, fait couler le sang à grands flots sans aucune utilité pour la nation, dans la vue seule de faire oublier son origine, et de placer sur d'autres trônes des dissolus et des femmes mal fâmées; si l'on suppose que ce même homme distribue des titres de noblesse à ses complices; à des Parvenus comme lui, enrichis par le pillage, foulant aux pieds les lois de l'honneur, de la morale et des bienséances, quel lustre peut-il leur donner, comme on le dit page 23, et quel lustre peuvent-ils en recevoir? Croit-on que la postérité honorera de tels hommes? L'origine empoisonée de leur élévation peut-elle donc jamais s'oublier? L'histoire ne transmettra-t-elle pas comment les titres ont été acquis et donés, et par combien de malheurs et de larmes on est venu à bout de les doter?

On a dit souvent que les Rois pouvoient faire des Ducs et des Princes, et qu'ils ne pouvoient faire des Gentilshommes. C'est que la noblesse accordée par un Roi comme chef de l'Etat, a besoin en effet d'être sanctionée par le tems et par le Peuple. Son existence est presque toute entière dans l'opinion; c'est la considération qui la forme, et la considération ne se commande point. Jamais les charges de Trésorier de France ni de Secrétaire du Roi, qui anoblissoient, ne firent respecter ceux qui les possédoient; jamais la faveur de Louis quinze et les premières décorations ne purent faire honorer la famille *Poisson*. Quoiqu'il arrive, de quelque titre qu'on cherhe à les couvrir les noms de *Caulincourt* et *Hulin* sont nécessairement accolés au crime de la mort du Duc d'*Enghien*; comme ceux de *Santerre*, de *Cambacérès*, de *Sieyes* &c au meurtre de *Louis seize*; comme une foule d'autres aux mitraillades de Toulon, de Lyon; aux noyades de Nantes; aux cruautés de l'Egypte et de la Syrie; à l'assassinat de *Palm*.

Il est très vraisemblable, comme le dit l'auteur page 21, que l'opinion de la grande majorité de la France continuoit à honorer en secret l'ancienne Noblesse; il est très possible que ce sentiment menaçât d'éclater à la première occasion favorable; il peut être vrai que cela n'échapa pas à la sagacité de Napoléon; qu'il voulût en conséquence changer la direction de l'opinion, et qu'il lui parût que la création d'une nouvelle Noblesse étoit l'unique moyen d'empêcher le rétablissement de l'ancienne. Nous conviendrons encore avec l'auteur que ,, *la Noblesse héré-* ,, *ditaire française d'à présent est encadrée* ,, *entièrement dans le nouvel ordre des choses;* ,, *qu'elle s'y réfère en tout; qu'elle n'apartient* ,, *qu'à ce même ordre page* 20. Mais que conclure de tout cela? Si non que M. Buonaparté sent bien lui-même qu'on ne détruit pas des préjugés légitimés par tant de siècles; et que si la nouvelle Noblesse est si bien appropriée à l'ordre actuel, elle ne survivra pas à cet ordre actuel, à cet ordre usurpateur et violent, et qui par cela même porte en lui le principe de sa destruction. Non, quoiqu'on fasse, les noms des *Mont-* *morency*, des *Biron*, des *Condé* ne seront point oubliés pour faire place à ceux des *Junot*, des *Drouet* et des *Murat;*; la conduite des *Masséna* et des *Lannes* n'effacera point générosité de *Bayard* et le désintéressement de *Turenne;* et les noms de *Sulli* et de *Colbert* survivront à ceux de *Fouché* et de *Gaudin*.

Dans les classes moins en évidence il en sera encore de même. L'histoire honorera cet élan magnanime de la Noblesse française qui la précipita dans les plaines de Coblents, à l'appel de l'Empereur, du Roi de Prusse et des Princes français, pour s'y réunir et voler de concert à la défense de son Roi, de ses lois et de sa religion. Chaque province se glorifiera de ceux qui, fidèles au serment qu'elles en avoient exigé, réunirent leurs efforts et élevèrent leur voix contre des Novateurs impies et régicides; de ceux qui préférèrent l'exil et les privations, à une soumission coupable au gouvernement usurpateur et tyrannique. La postérité prononcera avec estime, peut-être avec orgueil, les noms de *Charette*, d'*Hervilly*, de *Casalès* et de *Malesherbes*; lorsque ceux de *Talien* et de *Hoche,*, des *Barrère*, des *Camus* et des *Treilhard* seront couverts de l'oubli, ou du voile funèbre de la honte.

Ce que nous venons de dire suffiroit pour répondre aux assertions de l'auteur qui s'écrie page 22, „ Qui est-ce qui disputera à Napoléon qu'il se connoisse au mérite de tout genre, et qu'il sache le récompenser"? Et page 48 „ qu'un nom que Napoléon a jugé digne de distinction ne doit jamais s'éteindre." M. le Baron, si votre intention est de flater M. Buonaparté à tort et à travers, je n'ai rien à dire; continuez, vous êtes parfaitement sur la voie. Mais si vous cherchez la vérité, considerez donc de quels gens il s'est entouré; de quels gens il a fait ses amis, si tant est qu'un tel homme puisse aimer; quels gens enfin il a récompensé. Voyez parmi ses Sénateurs, ses Préfets, ses Ministres, ses Ambassadeurs, ses Princes, des hommes dont on auroit rougi, il y a quelques années, de faire sa société; des hommes couverts du sang de Louis seize. Vous aimez la morale, voyez donc parmi ceux qu'il a associés à sa légion, des Concussionaires, des fauteurs du jacobinisme, des Septembriseurs, des acteurs de ces comités de salut public qui inspiroient l'horreur à toute la France, des Juifs, des comédiens, des apostats, des hommes sans mœurs épousant des femmes perdues, se jouant da la religion et de l'opinion des siècles. De tels actes sont-ils compris dans ces grandes actions que vous dites, page 23, avoir rapport à la régénération de la France? Cela prouve-t-il que ,, la Noblesse héréditaire crée par Napoléon est basée originairement sur un mérite éminent " page 22; que ,, la Noblesse revivra sous des formes plus convenables " page 2; que ,, les relatiens politiques de l'institution n'ont été nulle part si bien saisies que dans les statuts de l'Empereur des Français " page 19. Ah! bien plutôt redites, qu'en effet la Noblesse héréditaire française d'à présent est encadrée entièrement dans le nouvel ordre des choses; reconoissez que celui-ci étant arbitraire et spoliateur, l'autre participe aux mêmes vices, et que tous deux crouleront à la chute du sceptre de fer qui les soutient.

Les connoissances de l'auteur sur la Noblesse en général, et particulièrement sur celle de France, sont même très inexactes; et on pouroit croire que cette matière est tout à fait nouvelle pour lui. ,, Pour des priviléges, dit-il page 17, cette distinction honorable n'en donne pas "; et page 41 il dit encore, ,, que la Noblesse française n'aura ni de droits exclusifs, ni de droits particuliers à des charges qui tiennent à l'administration". Mais une Noblesse sans privilèges n'existe pas. Le mot Noblesse, pris dans ce sens, est un nom collectif qui signifie le corps des Gentilshommes; et où il n'y a point de privilèges, ni d'assemblées particulières, il n'y a point de corps et il n'existe que des individus. Tel est en effet l'état des choses dans les gouvernemens absolus. Les Nobles, s'il y en a, n'ont aucune voie de représentation, ils y sont sans utilité. Leurs privilèges s'y bornent à quelques cérémonies d'étiquette de cour, d'autant plus futiles, qu'il dépend toujours du Souverain d'appeller auprès de sa personne qui il lui plaît, et comme il lui plaît. Il existe une Noblesse réelle et utile en Angleterre, et c'est la Chambre des Pairs. Il existe une Noblesse utile en Suède, parceque sa voix concourt dans les diètes aux affaires publiques, et qu'Elle y contrebalance, les intérèts respectifs du Roi et du Peuple. Les titres donnés par M. Buonaparté ont donc pu avoir pour but de créer des Nobles, mais il n'a pas créé une Noblesse. On pouroit, peut-être, en voir une dans le Sénat actuel de France, si ces Sénateurs représentoient les

Patriciens de la première Rome couverts du
respect public, et non ces Sénateurs avilis du
bas Empire, auxquels il suffisoit qu'un Empereur fit savoir qu'il vouloit qu'ils mourussent.

L'ancienne France avoit une Noblesse,
qui étoit fort loin d'avoir des droits exclusifs
à l'administration; et sans entrer à cet égard
dans de longs détails, je dirai que de mon
tems quatre des Ministres de la marine, M. M.
Moras, Berrier, Boynes et Sartine n'étoient
pas Nobles; et que presque jamais les belles
places d'Intendant de province ne furent
occupées par des Nobles. Mais la Noblesse
se pressoit librement autour d'Henri quatre
dans les combats. Dès les tems les plus reculés de la monarchie, Elle avoit de même
constament entouré le trône dans toutes les
occasions difficiles, et Elle l'avoit soutenu de
toute la puissance de ses bras et de sa fortune. Cette Noblesse avoit le privilége si avantageux pour toute la Nation, de former un des
trois ordres dans les Etats généraux; d'y consentir
les impôts, circonstance sans laquelle ceux-ci
n'étoient plus légitimes; et de contenir, pour
l'intérêt de sa propre existence la tendance au
despotisme du Monarque, et celle du Peuple à

l'insurrection. La Noblesse de France avoit
encore le privilége du port d'armes. Elle
étoit essentiellement militaire. Elle devoit,
dans les dangers de l'État, se réunir d'Elle-
même sous ses Baillis d'épée, nommer ses
chefs et marcher immédiatement contre l'ennemi. Je l'ai vue user de ce privilége en
1758, lorsque les Anglais firent une descente
aux côtes de France et menacèrent Rochefort
et la Rochelle. La Noblesse du Poitou, de
l'Aunis et de la Saintonge se réunit à Saint-
Jean d'Angely et marcha sous ses propres
bannières.

Voilà comment une Noblesse est utile
dans une monarchie, et comment Elle est
nulle dans les États despotiques comme
dans les gouvernemens démocratiques. C'est
par l'oubli de ces principes, si bien dévelo-
pés par M. de Montesquieu, que la France a
péri et est devenue la proie de plusieurs
Tyrans successifs. Le despotisme du Cardinal
de Richelieu, l'éclat du long règne de Louis
quatorze, qui gréva la nation d'impôts, il est
vrai, mais qui les consacra tous à la gloire,
firent oublier trop longtems que ces impôts
devoient être demandés, et non pas ordonés.
Louis quinze, en laissant écouler les revenus

de l'Etat vers des destinations moins pures, rappella fortement à la Nation ses droits; et comme les corps privilégiés ont seuls des moyens de réclamer que ne peut avoir le Peuple, de là les luttes si fréquentes sous ce règne, entre le gouvernement et les grands corps de l'Etat, le Clergé, la Noblesse et les Parlemens; luttes qui affoiblirent sensiblement le respect dû à la Courone. Louis seize, le bon Louis seize, circonvenu par ses Ministres, fut lui-même l'ennemi de la Noblesse. Il méconnut qu'Elle étoit le plus ferme soutien de son trône, puisque son existence tient à l'existence de celui-ci. Il se plaignoit en 1788 de la trouver opposée aux projets de ses Ministres, dont sa belle ame ne lui laissoit pas voir l'illégalité et le danger. Enfin dans la crise de 1789, dont les suites lui coutèrent la courone et la vie, soit ancienne prévention, soit foiblesse, il ne voulut point encore écouter sa Noblesse, et favoriser les efforts qu'Elle fit contre le débordement populaire; réunion qui indubitablement eut sauvé et lui et la monarchie.

„Quant aux priviléges, dit l'auteur page 36, qui dérogeroient aux droits des autres citoyens, il n'en faut pas à la Noblesse;

Elle ne doit pas en avoir". Ici il n'y a rien à dire. Aucune des classes d'un même peuple ne doit en effet peser sur une autre, ni s'élever à son détriment. Chacune d'elles a ses fonctions distinctes; et tout le monde sera d'accord, surtout si c'est bien sincèrement que l'auteur ait dit page 28, ,, On pouroit à présent interdire à la Noblesse des métiers. Il faut qu'Elle serve l'État, ou qu'elle se voue aux sciences, ou bien qu'elle habite ses terres". Cultiver les sciences autrement qu'à son loisir, m'a toujours paru un vrai métier; c'est du moins une assés plate occupation, surtout depuis que l'on a vu de quoi les Savans de profession étoient capables et principalement en fait de gouvernement. Mais une Noblesse réelle doit en effet servir l'État. Elle est, on ne peut trop le dire, essentiellement militaire. Dans le bon tems, lorsque les Français n'étoient pas froissés par un régime militaire, et que l'on ignoroit les conscriptions, j'entendois tout le monde aplaudir à ce couplet du vaudeville d'un de nos opéra.

> Le Gentilhomme est né pour le Service,
> Le Laboureur pour cultiver ses champs,
> Le Magistrat pour rendre la justice,
> Le Médecin pour soulager les gens.

Qu'à son sort chacun s'assortisse,
Tout va prendre un nouvel éclat.
Il faut, il faut quoiqu'il arrive,
    Que chacun vive
      Dans son état.

La révolution a donné de plus à ce sujet une grande leçon; c'est la comparaison de la fidélité, du dévouement du corps presque entier de la marine, uniquement composé d'individus nobles, avec la défection d'un si grand nombre d'autres corps militaires où l'on n'exigeoit pas cette condition.

„ Un des droits, dit l'auteur page 37, que la Noblesse a défendu, presque dans tous les pays, avec tant d'acharnement, comme une de ses prérogatives les plus précieuses, est *l'exemption de ses biens*. Il ne sera surement pas rendu à la Noblesse française". Je dois penser que M. le Baron d'Eggers est ici de bonne foi en répétant ce que les Révolutionaires se sont tant efforcés de dire, et qu'ils sont parvenus à faire croire à la masse de ceux qui ne s'embarassent guères de rechercher sur cela la vérité, ou qui sont bien aises d'avoir à déclamer contre tout ce qui s'élève au dessus d'eux. Il y a cependant dans cette assertion deux erreurs majeures; l'une parceque la Noblesse de France ne disputoit point avec acharnement *l'exemption* de ses biens; l'autre parceque la Noblesse de France n'étoit point exempte d'impositions sur ses biens.

Il suffît, pour prouver la première erreur, de rapporter le quatorzième article des cahiers de la Noblesse du Poitou, rédigés dans cette province avant l'ouverture des États généraux à Versailles, et le voici. ,, La ,, Noblesse du Poitou, considérant qu'Elle a le ,, même intérêt que les autres individus de la ,, nation au maintien de l'ordre public, ,, désirant cimenter l'union entre les Ordres, a ,, consenti de supporter les charges pécuniai- ,, res dans une parfaite égalité, en propor- ,, tion des fortunes et des propriétés''. Le Poitou formoit bien le plus grand bailliage de France, et il étoit une des provinces où la Noblesse étoit la plus nombreuse; mais que l'on ne croie pas cependant que cette opinion lui fut particulière. La Noblesse de toutes les autres provinces avoit consenti de même à cette égalité d'impôts, soit directement ou par écrit, soit indirectement ou par instruc- tions verbales aux Députés.

Pour prouver la seconde erreur, il faut

entrer dans quelques détails de plus. Il
est bien vrai que dans des tems reculés, la
Noblesse ne payoit point d'impositions; et
cela étoit juste, parceque les Nobles alors
devoient leur personne à l'État, qu'ils s'armoient
et marchoient à leurs dépens pour sa défense, en
se réunissant sous les bannières des possesseurs
des grands fiefs dont ils étoient vassaux. Les
Roturiers seuls étoient donc soumis aux
impôts que l'on nommoit *Taille*. Mais depuis
longtems la courone, qui n'étoit elle-même
originairement que le plus grand fief, avoit
réussi à mettre une distance énorme entre
elle et les autres fiefs; et lorsque par succession de tems, il y eut des troupes enga-
gées et régulièrement payées, que la Noblesse
au service reçut aussi une solde des Rois,
bientôt les biens des Nobles furent imposés
comme ceux des Roturiers. Il y eut seulement
cette différence que les roles des tailles
continuèrent à subsister tels qu'ils étoient,
de sorte que les seuls taillables y étoient
portés; et que l'on ouvrit de nouveaux
régîtres sur lesquels les Nobles furent ins-
crits et imposés, non pas sous le nom de
taille, mais sous celui de subsides ou de
vingtièmes. Cette différence dans les régîtres

existoit encore dans les derniers tems, et on se servoit même de l'expression de Taillable pour désigner un homme qui n'étoit pas Noble. Les Rois qui *souvent*, comme les autres hommes, ne voient guères que le moment présent, sans prévoir les troubles éventuels, et qui croient s'élever en plaçant tous leurs sujets indifféremment au même niveau au dessous d'eux, attaquèrent constamment et avec grand soin tous les priviléges de la Noblesse. Les Intendans de provinces, qui rarement étoient nobles, mais qui faisoient certainement leur cour, et se préparoient l'obtention des graces en poussant au plus haut point possible les revenus de leur province, avoient depuis longues années assujéti les biens des Nobles à un taux qui ne différoit point de celui des Taillables. Un très petit nombre de familles tenant à la Cour, avoit seul obtenu de la faveur des Rois un abonement fixe, d'après lequel leur taxe ne pouvoit être changée. Dans les moyens qu'employoient les Intendans, il y en avoit même un indirect, mais très réel, de faire payer la taille aux biens des Nobles qui étoient affermés. C'étoit d'imposer à la taille non pas le propriétaire mais le fermier; non pas les Seigneuries, mais les métairies qui en dépendoient. Je puis en alleguer une preuve, dont je suis d'autant plus sûr qu'elle me concernoit. J'avois affermé la terre noble et Seigneurie de Bénivole, située en bas-Poitou, pour la somme de 3,600 livres par an, à un simple paysan, nommé Bouheir, que j'y avois trouvé lorsque je la reçus de mes pères en héritage. En passant par Fontenay-le-comte, où Bouheir payoit ses impositions, en me rendant aux Etats généraux de 1789, je pris du Receveur la note des taxes de Bénivole dont voici la copie.

Article 169. Jean Bouheir,

taux personel, ci . . . . .     3℔

pour exploit de la métairie de

Bénivole . . . . . . . . 216℔

et pour la terragerie de Puymé-

rand . . . . . . . . . 16℔ 8ˢ

235℔ 8ˢ

plus idem, ci . . . . . . 250℔ 2ˢ

pour l'année 1788. Total . . 485℔ 10ˢ.

On voit donc 1°. que les impôts additionels avoient fait passer la taxe de 235℔ 8ˢ à 485℔ 10ˢ; 2°. qu'on ne taxoit pas, il est vrai, la Seigneurie, mais l'exploitation de la métairie, ce qui au fond n'est qu'un leurre pour le propriétaire mais une vérité pour le gouvernement; 3°. que Bouheir ne payoit vraiment que 3 ℔ de taux personel, et que c'est la terre qui payoit le reste; c'est à dire que je payois sous le nom de Bouheir, puisque sans ces impositions Bouheir auroit pu me donner 482 ℔ 10 ˢ de plus de prix de ferme; 4°. que l'on avoit imposé même la terrage que Puymérand devoit à la Seigneurie de Bénivole; 5°. que cette somme de 485 ℔ 10 ˢ forme entre la sixième et le septième de la valeur de la ferme; 6°. qu'en faisant entrer en compte les réparations des bâtimens et des granges, l'entretien des fossés, les achats de bestiaux et d'instrumens aratoires, les semences, et les divers accidens, tous à la charge du propriétaire; 7°. que tout cela n'empêchant pas que sur les roles de contribution de la Noblesse, je ne fusse porté encore pour les vingtièmes, capitation &c. soumis au tarif des villes, et aux impositions sur les denrées; il en résulte que l'on avançoit une vérité lorsque l'on disoit généralement que les possesseurs de terres, nobles ou non, les exploitoient à moitié profit avec le gouver-

nement. Les Gentilshommes qui n'affermoient
pas, n'échapoient pas davantage à l'impôt.
Leurs terres étoient prisées, et ils payoient
en vingtièmes ou sous d'autres formes. Seulement, et c'est là à quoi se bornoit toute
*l'exemption* prétendue de la Noblesse, on
passoit l'exploitation de quatre charrues aux
Gentilshommes assés pauvres pour être forcés
de les faire valoir par leurs mains.

Je dois donc l'avouer, la Noblesse de
France, en faisant l'abandon de ses priviléges
pécuniaires, n'abandonoit que le droit d'être
taxé sur un role et sous des noms différens;
très vraisemblablement même Elle y eut
gagné quant au fond. Cela satisfaisoit l'amour
propre des Taillables, et la Noblesse ne ba-
lança pas, comme on l'a dit, à vouloir les
contenter à cet égard. Mais cela est-il un
avantage pour le peuple? Je ne le crois pas.
En France où les Etats généraux, sauve-garde
de la liberté des Français, étoient négligés;
où il n'y avoit pas, comme en Angleterre,
un Parlement et une Chambre des Pairs
permanens, on ne pouvoit trop, peut être,
pour le bonheur commun, maintenir les
prérogatives de la Noblesse quelques petites
qu'elles fussent, parceque ce sont ces préro-

gatives qui rappellent aux Rois, que les
peuples ne sont pas ici bas des troupeaux de
moutons qu'ils sont absolument maîtres de
tondre.

C'est par cette même raison que la
forme des impositions du Clergé étoit aussi
très précieuse aux Français raisonables, et
qu'elle déplaisoit à un Ministre étranger et
protestant, qui s'en plaignoit, parceque sous
des dehors populaires il n'en vouloit pas
moins régir en despote, et qui la décrioit
avec affectation dans ses écrits inexacts et
boursouflés. Le Clergé, conservateur de
ses antiques formes, ne payoit pas moins
que les autres citoyens, mais il payoit d'après
des délibérations prises dans ses assemblées
particulières, et sous le nom de *don gratuit.*
Hommes frivoles, vous vous plaignez de cette
distinction; vous aviez le même droit dans
vos États généraux; vous l'aviez négligé,
il l'avoit conservé. D'ailleurs le Clergé ne
forme point une caste isolée et inaccessible.
Au contraire, ses propriétés sont un grand
bien commun qui n'apartient à personne
parcequ'il apartient à tous, dont mon fils
aujourdui prend une part à laquelle le votre
succédera demain. Ses délibérations et ses

formes étoient un obstacle au fléau du despotisme sur le sol français. L'envie qu'on
portoit à cet Ordre étoit irréfléchie; sa destruction est une absurdité. La spoliation de
ses propriétés a satisfait momentanément
ceux qui envahissoient, les Révolutionaires
qui y trouvoient une hypothéque pour leurs
assignats, et ceux qui les ont acquis à vil
prix. Mais cette spoliation a porté un coup
funeste au bien-être général des Français.
L'État n'en a pas été plus riche, et ce n'est
que par plusieurs banqueroutes successives
qu'il s'est libéré d'une partie des dettes.
C'étoit par un Evêché, par une Abbaye que
l'on acquitoit souvent la dette contractée
envers la famille d'un Militaire, sans détour-
ner les revenus publics; que le Prince fournissoit à une autre famille des moyens
d'éducation et de se soutenir au service.
Les biens ecclésiastiques nourissoient les
malheureux, et on ne connoissoit point en
France de taxes pour les pauvres. Dans les
occasions urgentes et subites, ces biens étoient
une grande ressource pour le gouvernement;
le Clergé survenoit, payoit; et sa grande
exactitude lui rendoit toujours les emprunts
faciles. On a égorgé la poule aux œufs d'or.

On sait combien est vaine l'objection du tort qu'un Clergé nombreux faisoit à la population, d'abord parcequ'il naissoit en France plus de mâles que de femelles; et encore parceque, malgré les déclamations des Philosophes et des Économistes, la France, peut-être, étoit proportionellement trop peuplée. Le paysan de la riche province du bas-Poitou s'en plaignoit du moins, et c'étoit à cette cause qu'il attribuoit le bas prix d'une main-d'œuvre qui fournissoit à grand'peine à son nécessaire. Où il y a de l'ouvrage pour trois, disoit-il, on est toujours assuré qu'il s'en présentera quatre pour le faire. Enfin un Clergé soldé n'aura jamais la considération d'un Clergé propriétaire; et le respect porté au Ministre de la religion, est intimement lié au respect de la religion même; de cette religion si méconue de nos jours, et cependant ressort si puissant, si précieux pour le gouvernement, comme pour le bonheur des peuples.

M. le Baron d'Eggers, dans ses réflexions sur la nouvelle Noblesse de France, avance comme positives plusieurs autres propositions très susceptibles cependant d'être contestées. Il dit par exemple, page 24, „ C'est encore

une loi sage que la Noblesse héréditaire doive
toujours jouir d'un revenu considérable".
Mais comme il pense aussi que la Noblesse
doit être militaire, je lui alléguerai qu'autre-
fois en France, on regardoit les officiers
peu favorisés de la fortune comme les plus
propres au service. L'expérience avoit montré
qu'ils s'y attachoient davantage, qu'ils y
voyoient le seul chemin ouvert pour eux
vers l'avancement et les honneurs; tandis
qu'il étoit fort ordinaire que l'homme riche,
qui y avoit consacré sa jeunesse, s'en dégoutât
et le quittât, précisèment lorsque l'âge lui
avoit donné de l'instruction et plus de moyens
d'être utile. Il en est de même de ce qu'il dit,
page 25, sur la surabondance du nombre des
familles nobles; et sur l'affoiblissement de
l'estime générale causé par la pauvreté d'une
grande partie. Il n'y avoit pas en France plus
de quatre-vingt mille Nobles, y compris les
femmes; et en supposant que la population
de ce pays montât alors à vingt-quatre
millions d'habitans, il y avoit donc un Noble
sur trois cents individus; et peut-on appeler
cela une surabondance? La Noblesse réclamoit vivement, voyez l'article 20 des cahiers
de la Noblesse du Poitou, contre l'anoblisse-

ment obtenu par l'achat de quelques charges
subalternes; mais d'ailleurs il s'en falloit
beaucoup qu'Elle eut perdu de sa considération, et que l'on méprisât sa pauvreté. La
Révolution même a prouvé qu'Elle excitoit
plus l'envie que la pitié. Elle formoit toujours
un Ordre dans l'État, soit aux États généraux
soit dans les États particuliers des provinces.
Elle jouissoit toujours d'une force d'opinion
telle que les Révolutionaires pour atteindre le
trône, employèrent dès le principe contre elle
tous leurs efforts, la torche et le poignard; et que
si le Roi, au lieu de la contrarier, eut voulu se
mettre à sa téte, la Révolution n'eut pas triom-
phé. La Noblesse étoit toujours en possession des
grands fiefs et de la plus grande partie des domaines. Le Roturier qui possédoit une terre noble
étoit assujéti au droit de franc-fief. Plusieurs
prérogatives journalières dont jouissoient les
Nobles, telle que celle d'être exempts de tirer
au sort à la Milice et de pouvoir en dispenser
quelques domestiques, contribuoient à sa considération; car enfin il faut bien quelques
prérogatives attachées à la noblesse, ou ce
n'est qu'un vain nom bientôt dédaigné. On
veut aujourdui y substituer l'argent. C'est la
première fois, que je sache, qu'un gouverne-

ment ait voulu faire de l'argent un titre à l'honneur. N'est-ce pas exciter à en acquérir? Et comme les moyens illicites sont toujours les plus prompts, sent-on de quelle conséquence est une telle création? C'étoit précisément sur une base contraire que la Noblesse étoit originairement instituée. Un de ses grands avantages étoit de mettre le sentiment au dessus de la fortune; de repousser à un rang inférieur les financiers, les fermiers de l'État, tous les spéculateurs sur l'argent dont si rarement la gestion est sans tache; et de tenir pour eux certaines portes fermées où passoient sans difficulté l'Officier et le Gentilhomme. L'ordre royal et militaire de Saint-Louis, obtenu par trois générations consécutives de père en fils, donnoit de droit la noblesse héréditaire. Aujourdui il faudra commencer par conquérir de l'argent, avant de penser à s'aggréger à cette noblesse. Au fond cela doit être; puisque la France, l'Italie, la Hollande, l'Allemagne, le Portugal, l'Espagne, &c. attesteront, à qui voudroit en douter, que c'est ainsi que la Noblesse de M. Buonaparté s'est acquise. Ceci est une nouvelle preuve de ce qu'a dit l'auteur, que ,, la Noblesse héréditaire française d'à présent est

3

encadrée entièrement dans le nouvel ordre des choses ".

J'ai été vivement peiné d'entendre un Baron, qui est aussi un Jurisconsulte, vanter, pages 30 et 31, comme un acte de profonde sagesse, d'avoir accordé les prérogatives de la noblesse, soit immédiatement et à vie, soit au bout d'un certain terme fixé, à l'exercice de quelques charges, lorsque les possesseurs de ces charges se seront acquis l'approbation du Souverain; et cela, dit-il, parce qu'il en résulte un moyen très efficace d'influence sur les assemblées électorales. Qu'un Despote, Corse ou Turc, ait dicté un tel arrangement, cela est dans l'ordre; mais qu'un Jurisconsulte allemand, qui le dernier fut crée Baron de l'Empire romain, ait loué un tel acte, voilà ce qui ne peut être conçu. Juste ciel! où en sommes-nous donc s'il nous faut encore applaudir à la main qui nous humilie et nous châtie si rudement. Anglais, dont la liberté est l'idole, qui pressés autour d'une constitution également sage et heu-reuse, avez seuls bravé et déjoué le tyran du monde comme les sophismes des Philosophes; vous qui surveillez avec tant de soin les moyens d'influence du gouvernement, le pourez-vous croire que librement on ait pensé, imprimé, en 1808, un tel blasphème en politique et en raison!

Soyons donc moins surpris de l'épithète de *Grand* dont l'auteur revêt M. Buonaparté. Il existe aussi un projet de colone à élever à Varsovie sur laquelle il seroit appellé pieux et juste. Ils sont donc reparus ces tems de la décadence de Rome dont on lit l'histoire avec épouvante, et où l'on ne sait ce qui doit le plus surprendre, de l'insolente cruauté du chef, ou de la bassesse de ceux qu'on égorgeoit, Buonaparté Grand! Et où sont donc ses titres? Quel homme a répandu plus de sang; quel homme a plus offensé les mœurs; quel homme s'est plus joué de la Religion et de la Morale! Il eut des succès inouis à la guerre, dit-on. Mais toutes ses guerres furent injustes et n'eurent jamais qu'un but coupable. C'est même parceque ses succès furent inouis que la posterité en recherchera la cause. Qui expliqueroit aujour-dui la capitulation qui suivit la bataille de Marengo, la campagne d'Ulm, la bataille de Jéna? Quelle ressemblance entre ces faits et ce que l'on fit en Champagne en 1792? Pourquoi tant de divisions entre des Souverains qui avoient tant d'intérêt à s'unir? La

postérité remarquera que toutes les fois qu'il
y eut résistance, les succès ne furent plus
inouis. Elle dira que M. Buonaparté fut
battu par Sidney Smith et une poignée
d'Anglais à Saint Jean d'Acre; qu'il déserta
son armée d'Egypte, et encore en la pillant,
en vidant sa caisse militaire; qu'il avoit
ordoné la retraite à Marengo, et qu'un autre
Général gagna cette bataille; qu'il fut battu
à Eyleau, et que si les Russes n'en profitè-
rent pas, ce fut une faute de leur part, mais
non pas un titre de grandeur pour le battu. *)

Cette même postérité, en le considérant comme administrateur, dira qu'il porta
les coups les plus funestes à la France, à sa
population; qu'il la priva de son commerce,
de sa navigation, de sa marine; qu'il sembloit
vouloir la replonger dans les siècles de barbarie.
Elle dira qu'il lui fit perdre Saint-Domingue,
colonie plus précieuse pour elle que ne l'est
pour l'Angleterre le vaste territoire qu'elle
possède aux indes; qu'en voulant détruire
sourdement l'ordre de Malthe pour s'emparer
de cette île, contradictoirement à un traité

---

*) Quelle preuve évidente de tout ceci a fourni depuis
l'immortelle campagne des Russes en 1812!

formel avec l'Angleterre, il força cette dernière Puissance à conserver pour elle-même
ce port célébre, qui domine la Méditerranée,
ferme l'entrée du Levant, et enléve par là
aux Français la préeminence qu'ils avoient
eu jusqu'alors dans ces mers; qu'il en fût
ainsi du port de Trinquemale dans l'île de
Ceylan, qui seroit demeuré dans les mains
tranquiles des Hollandais, et qui en passant
dans celles des Anglais leur assure le commerce prédominant des Indes, quand même
on pouroit venir à bout de les dépouiller de
leurs possessions en Asie; que rien n'étoit
plus avantageux à la France que la situation
et l'indolence des Turcs, et que ses intrigues
dans ce pays ont ruiné, et peut-être pour
toujours, Marseille et son commerce; que
l'Espagne et le Portugal, en payant leur
neutralité ou fournissant des subsides, don-
noient des ressources pour ses violences
qu'il ne sut pas même conserver; qu'il
substitua en France un gouvernement des-
potique à une monarchie; qu'en voulant
se donner le titre de pacificateur il sema
dans toute l'Europe une suite incalculable de
guerres et de calamités.

Elle dira que dans sa rage aveugle, ce

fut Buonaparté qui éleva lui-même la puissance de l'Angleterre au point extraordinaire où nous la voyons; qui lui donna le commerce maritime du monde entier, en forçant les Souverains de l'Europe à servir ses vues, les vues de celui qui les insultoit, qui les emprisonoit, qui les détrônoit, qui les rendoit ses vassaux; en les forçant de faire une guerre, également impolitique et injuste, à cette Angleterre l'asile de tous les malheureux; toujours prête à prodiguer ses secours à ces mêmes Rois contre leur tyran; n'ayant d'autre ennemi que la persone seule du perturbateur du monde; combattant pour conserver, comme celui-ci pour détruire; et digne réellement de porter de nos jours le titre de grande Nation. Elle dira que le monde étoné vit une foible population de douze millions d'habitans, mais forte de son droit et de l'amour de ses lois, braver avec succès les bandes inombrables dont Buonaparté disposoit; mépriser également les invectives, les flagorneries, les conseils qu'il lui donnoit tour à tour dans son Moniteur, et l'humilier davantage de ce dédain, que ne le flattoient les soumissions de tant d'autres Princes. Elle comparera ce tems actuel de l'usurpateur de la France, avec

celui, si peu éloigné encore, où ma patrie,
dans son erreur peut-être, donnoit la liberté à
l'Amérique et déployoit un pavillon victorieux.
Elle ne dédaignera pas même de rappeller le
pillage, les violences, la désolation que portent avec elles les armées du perturbateur;
et la discipline, la régularité des payemens,
l'abondance qui suivent les armées anglaises.
Elle dira qu'une seule fois, après la paix de
Tilsit, l'Angleterre dévia de l'exacte équité,
et se saisit des armes mêmes de l'usurpateur;
qu'à cette paix inattendue, le Corse, dans
l'élan de sa joie, s'écria qu'enfin le blocus de
l'Angleterre ne seroit plus un vain nom!
Quelques préparatifs, les dispositions de ses
troupes, certains traités rendent très vraisemblable qu'il projetoit de réunir dans le nord,
peut-être dans les ports de la Norvège, cinquante vaisseaux de ligne danois, russes,
hollandais et d'Anvers; de rassembler de
même à Brest cinquante autres vaisseaux de
ligne français, espagnols et portugais; et en
armant en même tems sa flotte de Boulogne,
d'effectuer ou de tenter l'envahissement de
l'Angleterre sur trois points. Ce projet très
menaçant, réel ou non, ne pouvoit échaper à
un peuple de Marins, qui sait bien qu'avec

le tems et les saisons on se soustrait toujours
aux blocus. Le gouvernement anglais, allarmé
surtout, à cette époque, de la foiblesse générale de l'Europe, se crut forcé de déjouer le
plan et de prévenir l'ennemi. Il employa une
violence qui n'est ni dans son goût, ni dans
ses principes, et qu'il brule d'impatience,
sans doute, de pouvoir réparer.

C'est donc un fait bien certain que
l'équitable postérité rejetera avec indignation
le jugement de M. le Baron d'Eggers; et si
elle donne à M. Buonaparte le nom de
Grand, ce n'est pas, certes, parmi les Grands
de l'espèce de Charlemagne, de François
premier, d'Henri quatre et de Louis quatorze
qu'elle le placera.

# REFLEXIONS

## SUR

## LA NOUVELLE

# NOBLESSE HÉRÉDITAIRE

### EN

## FRANCE

### PAR

## Mr. LE BARON *D'EGGERS.*

Procureur Général des Duchés de Slesvic et Holstein.

*LUNEBOURG*

CHEZ HEROLD & WAHLSTAB.

## 1808.

IMPRIMATUR.

An. 1813. die 13 Septembri Petropoli.

Censor Iacencoff.

───────────────

ПЕЧАТАТЬ ПОЗВОЛЯЕТСЯ

Съ тѣмъ, чтобы по напечатаніи до выпуска въ продажу представлено было въ Цензурный Комитетъ: одинъ экземпляръ сей книги, для Цензурнаго Комитета, другой для Департамента Министерства просвѣщенія, два экземпляра для ИМПЕРАТОРСКОЙ публичной библіотеки, и одинъ для ИМПЕРАТОРСКОЙ Академіи Наукъ. Санктпетербургъ, 1813 года, Сентября 13 дня.

Цензоръ, Коллежскій Совѣтникъ и Кавалеръ Гр. Яценковъ.

page 1.

L veille de l'anniversaire 1795 fut célébrée chez moi à Copenhague par une petite société d'amis. Il y avoit parmi leur nombre quelques François d'une confession politique très différente. Les discours s'animant, il s'éléva bientot une dispute assez vive entre le Monarchiste et le Républicain.

„ En un mot " — disoit le Monarchiste — „ en dix ans la France aura un Souverain." —

Un Roi? — impossible!

### 2.

„ Je ne décide rien sur les noms: il suffit, que „ vous me comprené.

Le Republicain ne voulut pas céder.

On s'échauffa de part et d'autre. Le Monarchiste, sûr de son fait, offrit une gageure de cent ducats contre un.

„ Ajoutés " ai-je dit „ la *noblesse héréditaire.* Cette institution civile, presqu'aussi ancienne que la civilisation sera rétablie aussitot, que la France est tranquilisée. On a repandu tant de sang pour l'abolir en France, presque toute l'Europe a pris les armes pour la restituer. La force n'y suffira pas: mais la raison emportera la victoire. La noblesse revivra sous de formes ptus convenables. "

page 3.

Mes deux amis n'ont pas survécu à la catastrophe. Le Monarchiste périt pendant les persécutions dont fut suivi le 18 Fructidor : le Républicain tomba contre les Russes en Italie en Juin 1799.

Pour moi — j'ai vu toutes les deux prédictions s'accomplir. Le Sénatus consulte du 15 Août 1804 érigea le *trône Impérial* : le Statut Impérial du 1 Mars 1808 créa la *nouvelle noblesse héréditaire.*

---

Le 11 de Mars le Prince-Archi-chancelier de l'Empire apporta au Sénat les deux *Statuts*

4.

*Impériaux* du 1 Mars, 1808 qui doivent donner le mouvement et la vie au système créé par le Sénatus consulte du 14 Août 1806.

Le titre de *Prince* et d'*Altesse sérénissime* est personnel aux Grands dignitaires de l'Empire.

Ils pourront transmettre à leurs descendans mâles les titres de *Duc*, de *Comte* et de *Baron*.

Leurs fils aînés auront de droit le titre de *Duc de l'Empire*, lorsque leur père aura institué en leur faveur un majorat produisant deux cent mille francs de revenu.

Ils pourront aussi instituer pour leur fils aîné ou puîné des majorals, auxquels seront attachés des titres de *Comte* ou de *Baron*, s'ils donnent au premier cas un revenu net de

page 5.

10000 francs, et au second de 5000 francs.

Les ministres de l'Empereur, les sénateurs; les conseillers d'Etat à vie, les présidens du corps legislatif, les archevèques porteront, pendant leur vie, le titre de *Comte*.

Ce titre sera transmissible à leur descendance mâle, et pour les archevèques, à celui de leurs neveux qu'ils auront choisi, s'ils justifieront d'un revenu net de 30000 francs, en biens de la nature de ceux qui devront entrer dans la formation des majorats, dont un tiers demeurera affecté à la dotation du titre.

Ils pourront également instituer, en faveur

6.

de leurs fils aîné ou puîné, un majorat, auquel sera attaché le titre de *Baron*, s'ils justifieront d'un revenu net de 15000 francs, dont un tiers demeurera affecté à la dotation du titre.

Les présidens des colléges électoraux de département, le premier président et le procureur général de la cour de cassation, le premier président et le procureur - général de la cour des comptes, les premiers présidens et les procureurs généraux des cours d'appel, les évêques, les maires des trente-sept bonnes villes, qui ont droit d'assister au couronnement de l'Empereur, porteront, pendant leur vie, le titre de *Baron*, savoir les présidens des colleges

page 7.

· électoraux, lorsqu'ils auront présidé le collége pendant trois sessions ; les premiers présidens, procureurs - généraux et maires, lorsqu'ils auront dix ans d'exercice, et que les uns et les autres auront rempli leurs fonctions à la satisfaction de l'Empereur.

Ils pourront transmettre ce titre à leur fils aîné ou puîné, et les évêques à celui de leurs neveux qu'ils auront choisi, s'ils justifieront d'un revenu de 15000 francs, dont le tiers demeurera affecté à la dotation de leur titre.

Les membres des colléges électoraux de département, qui auront assisté à trois sessions des colléges, et qui auront rempli leurs

8.

fonctions à la satisfaction de l'Empereur, pourront se présenter devant l'archi-chancelier de l'Empire, pour demander, qu'il plaist à l'Empereur de leur accorder le titre de *Baron*.

Ce titre sera encore transmissible à leur descendance mâle, s'ils justifieront d'un revenu de
15000 francs, dont un tiers demeurera affecté a la
dotation de leur titre.

Les membres de la Légion d'Honneur et ceux
qui, à l'avenir obtiendront cette distinction, porteront
le titre de *chevalier*.

Ce titre sera transmissible à la descendance
mâle, si celui qui en a été revêtu, se retire devant
l'archi - chancelier de l Empire, afin d'obtenir des
lettres-patentes de l'Empereur,

page 9.

et s'il justifiera d'un revenu net de 3000 francs au moins.

L'ordre de succession est le même pour tous
les majorats. Il s'étend à la descendance directe et
légitime, naturelle et adoptive; mais toujours de mâle
en mâle, et par ordre de primogéniture.

Il ne peut entrer dans la formation des majorats que des biens-fonds, libres de toute hypothèque,
Cependant les rentes sur l'Etat et les actions de la
Banque françoise seront admissibles, pourvu qu'ils
soient immobilisés par le timbre. Il sera déduit du
revenu provenant des rentes sur l'Etat et des actions
de Banque un dixième chaque année, qui

page 10.

sera employé pour l'achat de rentes sur l'État ou d'actions de Banque, au profit du titulaire.

Les biens de majorat sont inaliénables; toute vente ou donation en est nulle. Il est défendu aux agens de Charge de négocier des actions de Banque ou des inscriptions qui auroient été timbrées à cet effet. Les biens destinés à servir de dotation aux titres ne peuvent être affectés d'une hypothèque.

Ces biens ne jouissent au reste d'anciens privilèges par rapport à d'autres sujets.

Les lettres patentes de création seront écrites en parchemin, et scellées du grand sceau de l'Empire. Elles contiendront les motifs de la distinction accordée. L'archi-chancellier de

## 11.

l'Empire se rendra au Sénat, pour lui communiquer les lettres patentes et les faire porter aux registres.

Elles seront encore transcrites sur les registres là la cour d'appel et au tribunal de première instance de la demeure de l'impétrant. Le Greffier de ces cours notera la publication et l'enregistrement sur l'original. Elles seront aussi insérées au bulletin des loix.

„Les souvenirs de famille" — dit la Commis=
sion du Sénat dans son adresse à l'Empereur — „vont
„imprimer un caractère de

page 12.

„sainteté à la mémoire des ancêtres; l'esprit de l'or-
„dre et de la conversation sera fortifié par l'intérêt
„naturel, celui de la postérité! "

C'est juste! Il y a un charme dans notre
attachement aux liens de famille, que l'auteur de
la nature créa, pour nous perfectionner par la société
civile.

Destinés à une vie après celle-ci, nous tâchons,
même involontairement, à étendre notre activité au
delà de la tombe. Voyés la source de notre désir de
vivre dans la mémoire de la postérité, et de notre
amour pour des neveux reculés qui ne se présentent
qu'à l'imagination.

Vous taxés *Cicéron* d'une vanité pusillanime,

13.

parcequ'il souhaitoit qu'un grand historien écrivît ses
Fastes ?

Hommes aveugles et sensuels, Vous ne jugeriés
pas ainsi, si la jouissance du moment, ne vous tenoit

lieu de tout. Mais vous êtes faits pour ramper, puisque vous méconnoissés l'instinct le plus noble de l'homme, celui qui tend à son immortalité. Ce n'est pas de vous qu'il faut s'attendre à des efforts extraordinaires ou à des sacrifices. Vos souhaits sont accomplis, quand au sein de votre famille vous jouissés tranquillemens des biens, que vous pouvés acquérir, sans beaucoup de peine. Vous ne demandés pas non plus pour votre descendance, que de leur assurer les moyens

page 14.

qui vous suffisoient pour votre contentement.

Eh bien ! vous obtiendrés dans un état bien organisé tout ce que vous pourriés attendre. La sagesse du gouvernement voit pour vous, son énergie agit pour vous. Il ne vous demande pas ce que vous ne pouvés donner. Il ne compte pas sur des vertus, aux-quelles vous ne seriés portés par les motifs qui vous déterminent.

Mais s'il faut que le Souverain provoque de grandes actions, un rare effort, un sacrifice sublime — il doit employer des ressorts plus forts. L'homme de génie et d'un grand caractère, renoncera-t-il à toute jouissance,

page 15.

à la santé, à la vie, quand vous n'avés à lui présenter qu'un plus haut degré des mêmes jouissances qu'il doit dédaigner?

Il ne peut être influencé que par cette étincelle de l'ame qu'on pourroit appeler divine, et par l'honneur. Celle-là est hors du pouvoir des hommes: le ressort de l'honneur doit être tendu au possible par le gouvernement.

Et quelle perspective y contribueroit davantage que celle de *l'admiration de la posterité*? Je le répéte — elle tient aux plus nobles traits — au sens pour l'immortalité.

Autant que l'oeil des mortels peut pénétrer dans l'intérieur des causes, l'expérience de tous

16.

les tems nous enseigne que les actions les plus grandes dérivent de cette source.

Il n'y a rien qui exalte tant l'homme pour tout ce qui est digne d'admiration, que la certitude de transmettre à ses descendans, avec son nom, un titre à la reconnoissance des siècles à venir; rien qui dans l'adolescent bien organisé développe si facilement l'ardeur pour de grandes actions que la mémoire du mérite de l'ayeul, dont il hérite le nom.

Il falloit pour vivifier cette idée donner aux noms des familles une marque distinctive, qui apprendroit à tous les peuples leur origine illustre, quand même ils ignoroient les faits particuliers.

page 17.

Voilà le véritable esprit de *la noblesse héréditaire,* comme institution politique.

Elle est pour l'acquéreur une lettre de créance d'un mérite supérieur, adressée à tous les siècles, moyennant un caractère expressif, facile à connoitre ; elle est pour celui qui la porte comme acquise un souvenir continuel du mérite de l'acquéreur, un grand encouragemens à l'imiter.

Pour des *priviléges* — cette distinction honorable n'en donne pas. Il est vrai que c'est une récommandation générale pour celui qui porte ce nom, parce qu'elle rappelle le mérite de l'acquéreur : il est vrai qu'elle fait présumer à sa faveur, que ce souvenir qui lui doit être

18.

présent avant tout, l'incitera également à de grandes actions. Mais cette impression favorable n'aura pas de suites, si la récommandation n'est pas soutenue

par le propre mérite : si la présomption n'est suivie
de quelque succès.

Cependant le premier acquéreur conservera
toujours cet avantage, que *le souvenir*, ne s'éteint
pas, tant qu'il existe une postérité. On verra revivre
sous le petit-fils doué de talens ce qui paroissoit
assoupi sous un fils foible. C'est ainsi que l'esprit
immortel suivra des régions célestes les effets heureux
de ses actions ci-bas: c'est ainsi que l'état cueille
jusqu'aux tems les plus reculés, les fruits de

page 19.

l'encouragement des contemporains par la mémoire
des défauts.

Sous ce point de vue — montrés moi, si vous
êtes impartial, un seul désavantage de cette institution, tout calomnié dans les dernières vingt années?
Mais les grands avantages ne peuvent être méconnus
pourvu que le gouvernement prévienne les abus qui
se glissent si aisément là où tout dépend de l'opinion.

Les relations politiques de l'institution n'ont
été nulle part si bien saisies que dans les status de
l'Empereur des François. On

page 20.

n'en a nulle part tiré tant d'avantages pour l'état avec une aussi grande précaution pour éviter les abus.

La noblesse héréditaire françoise d'àprésent est encadrée entiérement dans le nouvel ordre des choses. Elle s'y référe en tout: elle n'appartient qu'à ce même ordre.

Ce fut un trait de profonde sagesse, que de donner une autre forme à la noblesse héréditaire. Si cette institution paroit nécessaire à toutes les nations, il est sûr que les François surtout ne sauroient s'en passer. Leur sentiment vif pour la gloire et pour le brillant, les rend plus susceptibles pour l'idée sur laquelle est basée la noblesse héréditaire

21.

Elle ne produira chez aucune autre nation d'aussi grands effets.

Tout les flots du sang des nobles, qui ont coulé pendant la révolution, n'en ont pu effacer les traces. L'opinion de la grande majorité continuoit à l'honorer en secret; elle auroit éclaté à la première occasion favorable.

Cette possibilité n'échappa pas à la sagacité de Napoléon. Il changea la direction de l'opinion. La création d'une nouvelle noblesse étoit l'unique moyen d'empêcher le rétablissement de l'ancienne.

Le système du gouvernement François actuel est conséquent à un point, qui ne peut être méconnu par l'inimitié la plus aveuglée.

— page 22.

Elle vient de se manifester de nouveau dans la solution de ce problème difficile.

La noblesse héréditaire, créée par *Napoléon*, est fondée originairement sur un *mérite éminent*. Or elle répond aux préceptes de la raison, de la morale, de la loi naturelle.

Les acquéreurs de noms, que porteront *à présent* les familles nobles, ont tous des prétentions manifestes à la réconnoissance publique depuis le retablissement de l'ordre en France Personne n'en doute. Qui est-ce qui disputera à Napoléon qu'il se connoisse au mérite de tout genre, et qu'il sache le récompenser, quand même l'histoire du jour ne nous traçoit pas tous ces noms?

23.

Et c'est bien un chef-d'oeuvre de politique que cette rélation de la noblesse, échue en héritage, à *l'ordre des choses actuelles.*

On ne peut à présent prétendre à cette distinction, ni pour l'issue d'une famille ancienne et jadis
célèbre, non plus pour des richesses, ni même pour le
seul mérite personnel — non! l'unique titre est que
le Souverain ait reconnu qu'on auroit bien mérité
de l'Etat.

C'est de *Lui*, qui vient sans exception le lustre
qui entoure les nobles dans l'opinion publique.

Peut-on énoncer le nom, sans un vif sentiment
pour les grandes actions par les-

page 24.

quelles il fut acquis; pour ces actions qui toujours
ont rapport à la régénération de la France? La
descendance reculée peut-elle se glorifier de ses
aïeuls illustres, sans être devouée au gouvernement
qui leur donna la plus grande récompense — des
lettres de créance à la réconnoissance des siècles à
venir?

Non! il n'y a pas de lien plus fort entre le
Souverain et le peuple! il n'existe pas de noblesse
plus intimement liée au gouvernement et à l'état!

C'est encore une loi sage, que la

page 25.

noblesse héréditaire doive toujours jouir d'un *revenu convenable*.

La vie décente qu'on attend de la noblesse ne demande pas absolument des richesses, mais une certaine aisance. La noblesse n'en jouissant pas, perdroit aux yeux de la multitude plus ou moins de cette estime qui est nécessairement attachée à son existence. Mais surtout il lui faut une fortune, pour donner une éducation soignée aux enfans, pour les produire dans le monde. Si la noblesse, ne le peut pas, elle ne procurera pas non plus à l'état les avantages, qu'il a droit d'en attendre.

La surabondance du nombre des familles

26.

nobles et la pauvreté d'une grande partie ont beaucoup contribué à affoiblir l'estime générale pour la noblesse. La *Pologne* nous en offre un exemple très instructif, et plusieurs *provinces de l'Allemagne* en font le pendant. Une noblesse pauvre, incultivée, mais dotée de priviléges, est un fléau pour l'Etat.

En France il ne peut exister de famille noble qui n'ait au-moins un revenu net de 3000 francs : car le titre d'après les loix des majorats n'est dévolu

4*

qu'au fils aîné. Il faut croire cette somme suffisante
pour entretenir une famille décemment, peut-être à
l'exception des grandes villes. Cependant le revenu
s'accroit si les prix des denrées

page 27.

haussoit, parce qu'il est affecté aux bienfonds.

Cette idée, d'assurer à chaque noble une *existence indépendante,* produit encore un autre grand
avantage pour le service de l'état. Le noble n'est
pas obligé de briguer un emploi pour subsister.
Cette assiette lui donne une assurance qui soutient
une élévation d'âme, que la politique d'un Empire
doit encourager de toute manière. Il est à souhaiter
que surtout les premiers employés de l'état montrent
d'une part un attachement vif à la personne du
Souverain, et de l'autre un certain sentiment d'égalité par rapport à tous les individus qui sont au
service de l'Etat.

28.

On pourroit à présent interdire à la noblesse
les métiers. Il faut qu'elle serve l'Etat, ou qu'elle
se voue aux sciences, ou bien qu'elle habite ses
terres. Mais elle doit renoncer aux occupations par
lesquelles le bourgeois gagne sa vie. Il ne paroit pas

qu'on puisse admettre une gradation: elle ne mene-
roit qu'à une multiplication des conditions nuisibles
à plusieurs égards. Le fils aîné d'un Comte ne sera
pas le métier de cordonnier: mais il n'apprendra non
plus le commerce.

Cependant ceci ne s'entend que de la noblesse
héritée. La noblesse personnelle peut être accordée
à chacun sans aucune

page 29.

différence de la naissance ou du genre de vie.

———

A l'avenir il n'y a pas d'autre moyen d'obtenir
en France des distinctions de noblesse que le *mérite
signalé*. L'institution sera conservée par le même
esprit qui la créa.

„ La carrière,‟ dit très bien le Prince Archi-
chancelier, „reste toujours ouverte aux vertus et
„aux talens utiles, les avantages qu'elle accorde au
„mérite éprouvé, ne nuiront pas au mérite encore
„inconnu; ils seront au contraire autant de sujets d'espé-

page 3o.

„ rance vers lesquels se dirigera une juste et louable
„ émulation."

Certaines charges donnent au fonctionnaire les
différentes distinctions de noblesse pour sa vie, sans
restriction: d'autres seulement après un espace de
plusieurs années, pendant lesquelles il s'est acquis
l'approbation du Souverain. La raison de cette
différence est dans la nature de charges: l'observa-
teur attentif les développera facilement.

Le même esprit de Sagesse se montre dans
cette autre disposition qui donne aux membres des
Colléges électoraux de département le droit de
demander le titre de Baron, après qu'ils auront
assisté à trois sessions des

3i.

colléges, et rempli leurs fonctions à la satisfaction
de l'Empereur. Elle offre un moyen très efficace
d'influence sur les assemblées électorales; un encouragement à la vertu civique des électeurs, tant
que le gouvernement sera ce qu'il doit être.

Outre ces efforts continués au service direct
de la patrie, le talent signalé, la célébrité acquise par
l'opinion publique, une action grande et patriotique,

pourront donner une distinction de noblesse à vie, si le Souverain les juge dignes de la Légion d'Honneur.

Et l'individu qui obtient personnellement un titre de noblesse, peut le transmettre à *un* de ses descendans males, en lui assignant le revenu prescrit. Il n'est pas nécessaire que le

page 3*z*.

premier acquéreur abandonne sa carrière, s'il ne étoit pas mis au service de l'Etat. Le banquier auquel l'Empereur auroit accordé les insignes de la Légion d'Honneur, continuera de diriger sa maison. Ses citoyens auront toujours devant les yeux, que le Souverain récompense le mérite de tout genre. Rien qui nourrisse mieux cette noble ambition qui nous porte à tout ce qui est grand et utile à l'Etat.

Mais ce ne sont, pas les *richessec*, par lesquelles on puisse acquérir des titres de noblesse. La fortune dépend trop souvent du hasard, pour donner des prétentions qui ne doivent rien tenir du hasard. Oubliant cette

33.

maxime, les Souverains ont fait à la noblesse un tort infini. Le véritable esprit de noblesse dépérit, s'il n'est continuellement animé par le souvenir du premier acquéreur. Et certes l'envie de gagner n'a pas besoin de cet encouragement. On brave et peines et dangers quand on voit de si près la récompense, que la fortune offre par tant de jouissances de la vie.

———

Il paroit qu'un autre *statut* fixera les *droits* de la noblesse héréditaire.

### page 34.

Ils regarderont l'accès à la personne du Souverain, et le Cérémonial pour les solennités. Ces prérogatives sont dans la nature de l'institution.

C'est encore à quoi tendent les nuances des différentes distinctions. Elle tiennent au lustre nécessaire à un grand Empire, et elles répondent parfaitement au caractère François, si grossièrement méconnu par les métaphysiciens faiseurs de constitution.

L'usage des armoiries et des livrées, qui seront énoncées dans les lettres patentes de création, est dèja sanctionné par le Statut du 1e. de Mars. Aussi est-il défendu à tous les sujets de l'Empereur, de s'arroger des

page 35.

titres et qualifications qu'il ne leur auroit pas con-
ferées.

Peut-être qu'on pourroit encore souhaiter pour
la noblesse une institution pour *l'éducation des fils
aînés*, où l'Etat payeroit pour ceux qui n'auroient
pas des moyens suffisans. Dirigée avec sagesse cette
institution seroit aussi utile à l'Etat qu'elle est
nécessaire à la noblesse. Les revenus de majorats ne
suffiront pas toujours dans une famille nombreuse
pour donner au fils aîné une éducation convenable,
sans commettre une injustice contre les autres enfans.
Souvent l'éducation est négligée parce - qu'une mort
prématurée enlève le père qui veilloit sur son fils
chéri. Et quel gain

36.

pour l'état comme pour la noblesse, s'il n'y avoit
que quelques adolescens bien nés qui jouiroient
ainsi d'une éducation dont la fortune ennemie les
priveroit!

Quant aux priviléges qui dérogeroient aux
droits des autres citoyens, il n'en faut pas à la noblesse; elle ne doit pas en avoir. On ne lui rendra
surement pas ses cours après que l'expérience a si

bien prouvé en France les avantages des formes gé-
néralisées.

Le prince Archi-chancelier a déclaré expres-
sement, que . les nuances régulières qu'établit le
nouvel ordre de choses ne portent point etteinte aux
droits qui *rendent tous les François égaux en présence
de la loi.* Ainsi

page 37.

l'institution ne mérite que la réconnoissance générale
telle qu'elle est déterminée à présent. Que si elle ne
fût toujours conservée dans la même pureté la faute
en seroit à ceux qui la gâteroient. La gloire du
Fondateur d'une dynastie est-elle offusquée par ce
que ses descendans tombent insensiblement dans un
état de foiblesse qui, tôt ou tard, amenera leur
ruine?

---

Un des droits, que la noblesse a défendu presque dans tous les pays avec tant d'acharnement
comme une de ses prérogatives les plus

38.

précieuses, est — *l'exemption de ses biens.* Il ne sera
surement pas rendu a la noblesse Françoise.

Ce droit est trop contraire aux principes d'une bonne économie de l'Etat, il excite trop les justes murmures du peuple, pour qu'on dût craindre de le voir jamais rétabli.

On conçoit même difficilement pourquoi il n'est pas aboli où il existe encore. Un abus de cette nature ne pourroit être sanctionné par la prescription. Il n'y a que des Ministres incapables ou perfides, ou bien des foibles et mal-instruits qui pourront le faire subsister.

page 39.

Vous me dites qu'on préleve une charge disproportionnée sur le capital du possesseur actuel, en lui imposant les mêmes taux qu'il lui faudra vendre son bien à raison d'un prix diminué, ou qu'il perdra autant de son revenu?

Mais indiqués-moi un expédient! Les défauts essentiels doivent-ils s'éterniser dans l'Etat, parce qu'on ne les sauroit guérir à moins que d'affliger quelques individus pour le moment? Vous ne ferés donc absolument plus de nouvelle loi; car il n'y a pas de changement, quelque utile qu'il soit à l'Etat, qui ne causeroit quelque perte à des particuliers.

5

page 4o.

Dans le conflit il faut que la partie porte au tout le sacrifice nécessaire: c'est ainsi que le veut la loi de la nature, et l'intérêt de l'Etat. Quoiqu'en dût souffrir le coeur humain du Souverain il ne peut aller plus loin que de diminuer le sacrifice tant que possible.

Les biens exempts *doivent être imposés*, quand même les besoins de l'Etat ne le demanderoient pas. Mais on poura faire l'imposition successivement et par progression, quand on n'est pas dans la nécessité de faire d abord usage de la somme entière. On accordera en même tems au propriétaire moins riche des avances  s des conditions

4 1.

faciles, afin qu'il puisse augmenter son revenu par des améliorations, pendant quil en paye sa quote à l'Etat. Le financier sage ne prend jamais sans avoir soin qu'il puisse prendre encore demain.

————————

La noblesse Françoise n'aura ni de droits exclusifs, ni de droits particuliers à des charges qui

tiennent à *l'administration*. Le Princes Archi -
chancelier l'a déclaré: la sagesse de Napoléon le
garantit.

C'est la prérogative de la noblesse presque

page 42.

dans tous les Etats. Elle ne se fonde que sur l'usur-
pation: rarement sur une loi. De nos jours les
peuples se sont fortement récriés contre cet abus —
et avec raison.

On détruit un des plus forts ressorts de l'encouragement, en attribuant à l'issue d'une certaine
famille le droit d'aspirer aux premières charges. Le
service de l'Etat exige toujours des sacrifices quelquefois les plus difficiles. Quels motifs présentérés-
vous à l'homme généreux qui en seroit capable? En
avés-vous d'autres que la perspective de la plus
grande activité pour faire le bien? Cette idée seule
peut soutenir de grands efforts: elle nous donne un
espoir qui répond

43.

à la vertu la plus pure, et qui nous suit au delà
de la tombe.

Le Souverain seul est posé sur un degré auquel
aucun sujet ne peut atteindre: le sujet, en y aspirant

*dans un Etat organisé*, commettroit ùn crime contre la loi morale, une trahison contre l'humanité.

Mais tous les autres degrés de l'activité pourront être occupés par chacun qui en est digne dans l'ordre prescrit. L'Etat ne pourroit que gagner à cette extension de la carrière d'une activité utile.

Au contraire, qu'est-ce que dira l'homme de caractère, si le Souverain se laisse séduire à sanctionner par des loix la sottise que seulement

page 44.

les nobles d'origine puissent occuper les premières plàces de l'Etat?

Ou préconisera-t-on les ordonnances qui prescrivent que *le plus capable* pour une charge en sera revêtu sans égard à la naissance?

Il est des maximes du gouvernement qui ne se doivent manifester que par des actions, et non par des proclamations. Tout ce qui a rapport aux devoirs du Souverain appartient à cette cathégorie. Un Souverain foible annoncera avec ostentation qu'il veut les remplir: le Souverain sage les remplit et se tait.

page 45.

Un seul doute pourroit être opposé à la nouvelle institution. Il roule sur ce que les biens des
majorats deviennet *inaliénables*.

Les désavantages d'une telle restriction par
rapport à l'Economie politique sont connus. Ce n'est
que par l'entière liberté de la disposition que les
biens-fonds montent au juste prix. La population,
l'aisance du cultivateur, l'activité de la circulation
sont également intéressées à ce que les biens aillent
sans gêne de main en main. On ne le croiroit pas mais
l'expérience le confirme par tout — les biens de
famille ne sont pas si bien cultivés, que ceux qui
changent souvent de possesseur. Il se peut que le
nouvel

46.

acquéreur porte une affection particûliére à la possession qu'il a obtenu: peut-être aussi que la nécessité le force à une diligence extraordinaire. Tout au
monde vieillit: les descendans éloignés s'affligent
rarement de la perte d'un bien de famille.

De l'autre part on ne sauroit nier, que la
conservation des familles dans la série des siècles
ne sera entièrement assurée qu'en défendant aux

possesseurs des majorats d'aliéner leurs biens. Il entre parfaitement dans l'esprit de l'institution d'augmenter par tous les moyens l'attachement pour un endroit, où le célèbre aïeul se plaisoit, peut-être le même endroit qu'il avoit illustré par une

page 47.

grande action à laquelle la famille doit son nom.

Que si l'on pèse les argumens des deux côtés, ceux de l'Economie politique paroîtroient avoir la préférence, quand il s agit de la norme générale. Il est vrai que seulement la troisième partie des biens du fondateur sera soumise à la restriction: mais la totalité de ce tiers ne laissera que d'être toujours considérable.

N'y auroit-il pas moyen de combiner l'un et l'autre but? ne pourroit-on pas procurer aux possesseurs des majorats un surcroît de revenus à raison du changement du prix des denrées?

48.

Je proposerois ce qu'on a exécuté avec un succès étonnant au démembrement des domaines. Le principe est simple et évident: j'ai développé l'Opération dans un *mémoire sur les domaines* que je ferais peut-être imprimer.

---

Une famille, dont le fondateur fût recompensée pour un mérite signalé par des titres de noblesse ne devroit pas s'éteindre. L'Empereur y a pourvu. Le possesseur du majorat peut transmettre ses titres par adoption: mais il doit obtenir l'autorisation du Souverain.

Le titre sera-t-il perdu pour un crime?

page 49.

Il faut espèrer — que non.

La peine s'étendroit plus loin que la vie du coupable; elle frapperoit ses descendans innocens. Pour lui, il doit perdre les droits de la noblesse du moment même où le tribunal prononce contre lui une peine, qui suivant la loi, doit influencer l'opinion publique. Mais le fils aîné reprend sa place quand il n'est pas complice.

Je voudrois une exception pour les crimes de lèze-Majesté et de haute-trahison quand ils sont punis de la mort.

Il faut accumuler tous les moyens imaginables pour faire abhorrer ce qui met l'Etat en danger éminent. Il est prudent d'abolir

page 5o.

les traces d'un tel forfait d'en extirper, s'il se peut, tout souvenir. Si le criminel portoit un nom connu, dorénavant il ne sera plus prononcé. Ses descendans prendront un autre nom: le crime du père ne pésera plus sur eux.

Il y a d'autres cas encore où le droit de noblesse sera perdu pour le possesseur du majorat durant sa vie.

Lorsqu'un individu, entraîné par une fantaisie, se demettroit de ses titres, il ne pourroit en priver son fils. C'est un droit dont il est l'héritier: le possesseur ne sauroit en disposer que pour sa personne.

Celui qui se destine à un métier ne devroit pas se servir de son titre. Il n'est pas aboli

51.

pour cela: mais il paroit convenable qu'il ne soit pas en usage. L'avare qui prête à gages n'imposera pas par un titre: mais le fils le reprend, pourvu qu'il ne continue pas ce genre de vie.

Le possesseur d'un majorat qui s'oublieroit au point de mener une vie vile et scandaleuse seroit déchu de son titre. Celui qui doit prétendre à une estime signalée devient criminel en oubliant ce qu'il doit à l'honneur. Mais les suites ne tomberont pas sur le fils innocent.

Il se peut que le possesseur du majorat vînt à mourir sans laisser un héritier mâle naturel ou adoptif.

### page 52.

Alors l'Empereur seroit l'héritier du majorat: il le transmettroit avec le titre à un autre. Un nom, que *Napoléon* à jugé digne de cette distinction ne doit jamais s'éteindre, à moins que celui qui le porte ne l'extirpât par une trahison.

---

Faudra-t-il encore me munir d'autorités?

Chacun sait comment ont jugé et *Montesquieu* et *Frédéric le Grand* nous savons tous avec quelle passion on a combattu pour et contre depuis la révolution françoise.

Il me semble qu'ils ont tous devié plus ou moins. Ce n'est que dans le statut de *Napoléon le Grand* que l'esprit politique de

page 53.

cette institution a été rétablie dans toute sa pureté.

Tous ceux qui sont impartiaux y applaudiront, quelle que soit leur confession politique sur d'autres points.

Qu'il me soit permis de citer ici les témoignages mémorables de deux contemporains. Ils ont d'autant plus de poids que les circonstances étoient très différentes.

L'un étoit Mr. *Tetens*, philosophe et mathématicien célèbre à Copenhague.

„Si je devois organiser un Etat," dit-il, je „crois que j'irois instituer une Noblesse héréditaire. „Mais certainement je ne voudrois pas l'abolir si je „la trouvois établie. Je me garderois bien de détruire „un des plus grands ressorts du gouvernement.

Il le disoit en 1791, lorsqu'àprès l'occupation de la première constitution Françoise la

page 54.

noblesse héréditaire étoit attaquée presque par tout;
lorsqu'au moins l'homme de lettres n'osoit la défendre
sans s'exposer au réproche d'une basse flatterie.

Le second est le Comte *Melzi d'Erile*, à présent
*Prince de Lodi*, que j'eus le bonheur de connoître
trés particulièrement à Rastadt.

„Ils auront beau faire"! — me disoit-il dans
un de ces entretiens dont le souvenir sera toujours
des plus interessans de ma vie — „ils auront beau
„faire; ils ne pourront effacer les traits de l'histoire!"

Belles paroles! Elle contiennent les élémens
de tous les préceptes pour l'éducation de la noblesse.

*

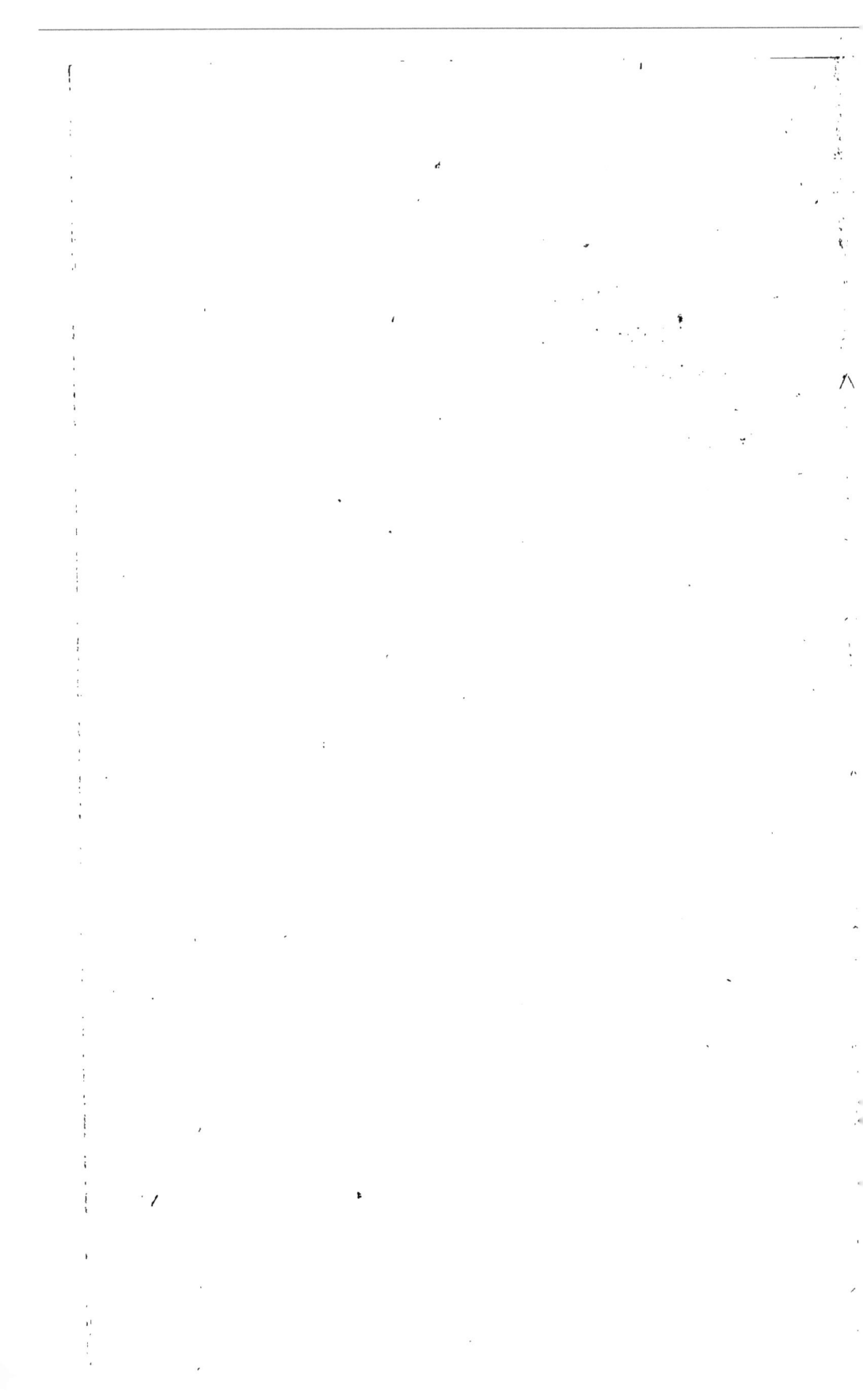

# CAHIERS

## DE L'ORDRE

## DE LA

# NOBLESSE DU POITOU,

## AUX

## ÉTATS-GÉNÉRAUX

## DE FRANCE

## DE 1789.

L'homme Sage se tait, lorsque la prévention & la méchanceté rendroient ses paroles vaines; mais quand l'oreille des peuples semble enfin s'ouvrir à la vérité, il peut tenter alors de repousser la colomnie, & de se faire entendre.

# *Avertissement.*

Ceux qui vouloient bouleverser la France pour s'élever sur ses ruines ; ceux qui ont si indignement abusé de la facilité d'un bon Roi pour l'arracher de son trône et le massacrer enfin sur un échafaud ; les Athées et les Philosophes avoient aussi besoin, dans leurs projets, de calomnier la Noblesse. Il falloit la peindre comme vivant d'abus, attachée aux abus, fomentant, exerçant la tirannie. Leurs complices, les méchans ont fait semblant de le croire, et ils l'ont répété, le peuple toujours aveugle les a cru.

Cependant cette Noblesse accouroit aux Etats-Généraux pour y poursuivre les abus. Elle réclamoit la sureté des personnes et des propriétés, l'abolition des lettres de cachet, et le libre consentement de la

## II

Nation pour les impôts. Elle vouloit la responsabilité des Ministres, la liberté de la presse. Elle sollicitoit le bien-être des Non-Catholiques. Elle repoussoit l'idée d'une banqueroute. Elle renonçoit à ses priviléges pécuniaires, et elle vouloit porter les lois à une telle hauteur qu'elles dominassent sans exception sur toutes les têtes.

Mais la calomnie a prévalu, elle a étouffé la vérité. La Noblesse de France en effet a tout perdu hors l'honneur le premier de ses biens. En détestant le despotisme des Ministres, la corruption des Courtisans, qu'elle désavouoit, qui souvent n'étoient pas de son sein, elle connoissoit aussi le danger des débordemens populaires et du renversement des lois. Elle savoit que son institution politique, l'obligeoit de défendre les bases antiques et constitutionelles de l'Etat, et elle a donné au monde et à l'histoire l'exemple du plus entier, du plus

généreux dévouement pour sa religion et
pour son Roi. Résignée; satisfaite peut-être
dans ses souffrances, en considérant leur
cause, il lui reste un souhait à former, c'est de
mériter l'estime de ses Pairs, de ses frères, les
autres corps de Noblesse de l'Europe; c'est
d'obtenir la confiance, la bienveillance des
peuples qui lui donnent asile; c'est de dé-
tromper l'univers sur les calomnies qui lui
ont été imputées.

Le moyen en est simple, il est incon-
testable, il est sans replique; et ce moyen
c'est de faire connoître ses cahiers. On sait
que de toutes parts ils étoient les mêmes,
la rédaction seule différoit. Un même esprit
les avoit inspirés. Partout la Noblesse vouloit également la réforme des abus, le sou-
lagement du peuple. Publier ceux d'un
Bailliage, c'est donc les publier tous; et si
ce sont ceux de la province du Poitou, qui
sont destinés ici à l'impression, c'est uni-

quement parcequ'on les a sous la main,. et revêtus des formes qui les rendent authentiques.

Le Roi aussi étoit animé du plus *vif désir d'opérer le bien public*. „Si par une fatalité, „loin de ma pensée, vous m'abandonnez „dans une si belle entreprise (disoit ce Monar- „que infortuné aux Députés des trois ordres, „dans la séance Royale du 23. Juin 1789) „seul je ferai le bien de mes peuples, seul „je me considérerai comme leur véritable „Représentant, *connoissant vos cahiers, „connoissant l'accord parfait qui existe entre „le voeu le plus général de la Nation et mes „intentions bienfaisantes.* "

Hommes justes, hommes vertueux, lisez et jugez-nous. Perturbateurs de votre patrie, justifiez donc les horreurs et le sang qui ont souillé et souillent encore la France!

Vous Français fidèles à l'honneur et à vos devoirs, la publication de ces cahiers ne peut pas non plus vous être indifférente.

Souvenez vous qu'ils furent le vœu général des trois ordres de la Nation; qu'ils furent rédigés en pleine liberté, dans un tems auquel on pourroit reprocher peut-être de n'avoir fait éclater que trop haut ses plaintes contre le gouvernement. Souvenez-vous que votre constitution étoit bonne; que c'étoit le tems qui l'avoit appropriée à votre climat et à votre génie, que par elle vous vous élevâtes sans cesse pendant quatorze siècles, et vous vous étiez placés au premier rang parmi les Nations.

Ces cahiers réformoient, mais n'innovoient pas; ils n'étoient point une Révolution. Par eux vous entacherez les anciens Courtisans, mais vous ne serez coupables ni de la violation criminelle d'un serment, comme les *Constitutionels*, ni de leur système absurde, ni des horreurs subséquentes qu'ils préparèrent et dont ils seront responsables aux yeux de la postérité comme ils le sont aux nôtres. Les cahiers vous renvoient ici à votre antique gouvernement, mais purifié, non pas tel qu'il étoit de fait, mais tel qu'il étoit de droit, tel que les lois lui prescrivoient d'être.

Ah! croyez-moi, et j'ai des droits à votre confiance! Ces cahiers sont le point où l'on peut se rallier sans violences et sans secousses; sans se jeter dans le vague des essais, ou dans le despotisme. C'est à la clarté de ce flambeau que dans l'instant même chacun sauroit ce qu'il a à faire; quels sont ses droits et quels sont ses devoirs. Français, voilà le drapeau que vous devez suivre; c'est là, mais ce n'est que là, où vous retrouverez le repos et votre patrie.

*Le Chevalier de la Coudraye,*

ancien Officier des vaisseaux du Roi, Chevalier de l'ordre royal et militaire de St. Louis, Député de la Noblesse du Poitou aux Etats-Généraux de France de 1789, de plusieurs Académies.

# EXTRAIT

## DU

## PROCÈS VERBAL

### DE

## L'ASSEMBLÉE GÉNÉRALE DES TROIS ORDRES DE LA PROVINCE DU POITOU.

———————

*Assemblée de la Noblesse du Poitou.*

Aujourd'hui vingt-un Mars, mil sept cent quatre-vingt neuf, M. M. les membres de la Noblesse des Sénéchaussées de Poitiers, Civrai, Fontenay, Lusignan, Montmorillon, Niort, Saint-Maixent et Vouvant séant à la Chataigneraie, convoqués en vertu de la lettre du Roi, du 24 Janvier dernier, et assignés en vertu de l'Ordonnance de M. le Grand-Sénéchal du 14 Février suivant, à se trouver le Lundi 16 de ce mois à l'Assemblée des Trois-Etats, se sont retirés dans une des salles du Collége pour y tenir leur Assemblée particulière; la Noblesse n'ayant pas jugé devoir procéder en commun avec les autres Ordres à la rédaction de son Cahier.

M. le Grand-Sénéchal; après avoir prononcé un discours analogue à la circonstance, a représenté, que préalablement à toute autre opération, il seroit à désirer que l'on se choisit un Secrétaire; les suffrages ayant été recueillis, le vœu de l'Assemblée s'est réuni sur M. Filleau.

M. le Grand-Sénéchal a ensuite nommé M. M. le Marquis de la Roche du Maine, M. le Marquis d'Asnières, Mr. le Marquis d'Asnières la Chataigneraie, M. le Comte de Lambertie, M. le Vicomte du Chilleau, M. de Bazôges, M. le Chevalier de Bellabre. M. le Vicomte de Chastaigner, M. le Comte de Saint Mathieu, M. le Chevalier du Puy-danché, pour aller complimenter M. M. de la Chambre du Clergé, et du Tiers-État, et les assurer des sentimens d'union et de concorde, dont sont pénétrés tous et chacun des membres de l'Ordre de la Noblesse.

M. le Grand-Sénéchal a ensuite proposé de nommer des Commissaires pour la rédaction des cahiers, et après avoir récueilli les opinions de l'Assemblée, il a été décidé à la pluralité des suffrages qu'ils seraient au nombre de vingt huit, et choisis dans les différentes Elections de la Province.

Les voix se sont réunies pour l'Election de Poitiers sur M. M. le Comte d'Iversay, le Marquis de la Messelière, de Bazôges, le Vicomte de la Châtre.

Dans celle de Châtillon, on a nommé M. M. le Baron de Mortagne, le Marquis de l'Epinay, le Comte de la Roche Jacquelin.

A Confolens M. M. du Soulier, de la Vauzelle, le Marquis de Lescours.

A Fontenay M. M. le Marquis de Saint Sulpice, le Chevalier de la Coudraye, le Marquis de Reignon.

Dans celle des Sables d'Olonne M. M. le Duc de Luxembourg, le Marquis de Martel et le Baron de Lézardière.

A Niort M. M. du Breuillac, de Lespinasse, de Parçay.

A Saint Maixent, M. M. le Comte de Loheac, le Marquis de Gourjault, de la Liborlière.

A Thouars ont été nommés M. M. le Marquis des Dorides, de la Fontenelle et Michel des Essarts.

Pour l'enclave du Berry, M. le Marquis de Villemort, pour celle de l'Angoumois, M de Barbeziéres, et pour celle de la Touraine M. d'Alogny.

On est ensuite venu avertir que M. M. les Députés du Clergé se présentaient pour complimenter l'Ordre de la Noblesse ; M. l'Evêque de Luçon à leur tête, a annoncé le désir du Clergé de concourir avec les autres Ordres à tout ce qui pourrait assurer la félicité publique.

M. le Grand-Sénéchal a remercié M. M. du Clergé au nom de l'Assemblée, et a prié M. M. le Marquis d'Asnières la Chataigneraie, Comte de Saint Mathieu, le Comte de Lambertie, le Marquis de la Roche du Maine, le Chevalier du Puy-danché et de Bellabre, de les accompagner.

M. le Grand-Sénéchal a ensuite indiqué l'Assemblée des Commissaires, pour le dit jour, six heures du soir, dans la salle de l'Université; et celle de l'Assemblée générale, pour le lendemain onze heures du matin. Fait et arrêté le dit jour et an que dessus, ainsi signé, le Marquis de Beufvier et Filleau Secrétaire.

*Du Dimanche 22 Mars 1789, onze heures du matin.*

M. le Comte de Saint Mathieu a prononcé un discours et proposé un projet de réglement concernant l'ordre à tenir dans les assemblées générales. Ce réglement, ayant été approuvé de l'assemblée; elle a chargé son Secrétaire de le faire imprimer et distribuer, afin que l'on pût s'y conformer.

M. M. les Commissaires à la rédaction des Cahiers étant ensuite entrés, ils ont fait part d'une proposition passée à la pluralité des suffrages dans leur bureau, (*elle avoit pour objet la renonciation de la Noblesse à ses priviléges pécuniaires*) qu'ils ont soumise à la délibération de l'assemblée; les Membres qui la composent, ont remis à en délibérer à demain 23 de ce mois huit heures du matin, et ont en conséquence indiqué une assemblée générale.

M. le Marquis de la Roche du Maine a également remis au Secrétaire de l'assemblée le discours, qu'il a prononcé à l'assemblée du Clergé à la députation de la veille, ainsi que celui, qu'il doit prononcer à l'assemblée du Tiers-Etat, et on en a ordonné l'impression et la distribution. Lecture a ensuite été faite du procès verbal de la séance précédente. Ainsi signé le Marquis de Beufvier et Filleau Secrétaire.

7

### Du Lundi 23. Mars 1789.

Le Secrétaire a donné lecture à l'assemblée de l'article à insérer dans les Cahiers concernant la répartition égale de l'impôt, qui avait été renvoyé à délibérer à ce jour. Il a été agréé par l'assemblée ainsi que les autres résultats du travail des Commissaires, qui ont été paraphés par M. le Grand-Sénéchal pour en constater l'authenticité.

Lecture a ensuite été donnée du procès-verbal de la séance précédente. Fait et arrêté les jour et an que dessus, ainsi signé le Marquis de Beufvier et Filleau Secrétaire.

### Du Mardi 24. Mars 1789 dix heures du matin.

Lecture a été donnée à l'assemblée du travail des Commissaires qui a été agréé, et ensuite arrêté et paraphé par M. le Grand-Sénéchal.

L'assemblée générale a été indiquée au jeudi 26 de ce mois dix heures du matin.

On a ensuite donné lecture du procès-verbal de la séance précédente. Fait et arrêté les jour et an que dessus, ainsi signé le Marquis de Beufvier et Filleau Secrétaire.

*Du Jeudi 26 Mars 1789 dix heures*
*du matin.*

On a donné lecture à l'assemblée de la
Noblesse du travail des Commissaires, dont
les articles agréés ont été paraphés et arrêtés
par M. le Grand-Sénéchal.

L'assemblée générale des trois Ordres a
été indiquée au lendemain 27, huit heures
du matin, pour donner par M. le Grand-
Sénéchal acte aux comparans de leur comparution, et défaut contre les non-comparans.

L'assemblée a ensuite été indiquée au
samedi 28 onze heures du matin.

Lecture a été donnée du procès-verbal
de la séance précédente. Fait et arrêté les
jour et an que dessus, ainsi signé le Marquis de Beufvier et Filleau Secrétaire.

*Du Samedi 28 Mars 1789 onze heures*
*du matin.*

Les Commissaires chargés de la rédaction des Cahiers et instructions de leur Ordre,
ont donné lecture à l'assemblée générale des
articles arrêtés au Comité; et dont la majeure
partie avait déjà été agrée dans les assemblées des vingt deux, vingt quatre et

vingt six de ce mois. Et en conséquence il
a été lu et arrêté ce qui suit.

## CAHIER ET INSTRUCTIONS
## DE L'ORDRE
## DE LA NOBLESSE DU POITOU.

*Pour ses Représentans aux Etats-Généraux,
convoqués à Versailles le 27 Avril 1789.*

Aucune Epoque de la Monarchie Fran-
çaise n'a offert une circonstance aussi généralement importante que celle où nous nous
trouvons. Les Etats - Généraux du Royaume
sont convoqués, et nous touchons à leur
ouverture. Assurer à la Nation réunie à son
Roi le pouvoir législatif, et à la Nation
assemblée le droit d'accorder librement des
subsides; maintenir le Monarque dans la
plénitude du pouvoir exécutif, et la Maison
royale dans son droit à la succession
au trône; poser des barrières devant les
entreprises illégales et téméraires des Ministres; rassurer les Citoyens sur leur liberté et leurs propriétés; combler un préci-
pice effrayant que la déprédation dans les
finances a creusé; élever les Lois à une
telle hauteur, qu'elles dominent sur tous sans

exception; tels sont les grands objets, qui doivent occuper cette assemblée auguste.

La Noblesse du Poitou jalouse de concourir à une régénération si salutaire, particulièrement frapée de la nécessité de donner à l'Etat une constitution fixe et inébranlable, n'a point balancé dans ces circonstances, *et indépendament de toute autre considération* \*), à nommer ses Réprésentans aux Etats - Généraux. Elle observe que dans le nombre des pétitions et des réclamations qu'elle a à faire, toutes ne peuvent avoir le même degré d'importance; il en est qui tiennent tellement aux droits de la nature ou à l'essence de la Monarchie, qu'assurée d'avance du concours général de toute la Noblesse des Provinces, elle croit pouvoir les recommander d'une manière impérative et absolue à ses Députés. Il en est d'autres dont le dévelopement seroit

---

\*) L'article 8, des Cahiers explique le sens de ces paroles. La Noblesse du Poitou avoit senti d'avance le dauger de la double représentation donnée au Tiers - Etat, surtout pouvant être composée, comme cela eut lieu en effet, d'individus sans propriétés sufisantes pour les attacher au maintien de l'ordre et au respect des propriétés.

difficille, qu'il lui suffit d'indiquer, et sur l'exécution desquelles elle doit s'en rapporter à la sagesse de ceux à qui elle confiera ses intéréts, et à la masse de lumières qu'ils auront reçue dans ses assemblées. Il en est quelques unes enfin, dont l'obtention pourait sans danger être remise à des tems subséquens.

C'est dans ces dispositions et dans cette confiance en ses Députés; c'est pénétré de respect et d'amour pour la personne sacrée du Roi, que l'Ordre de la Noblesse du Poitou, a arrété, prescrit et enjoint à ses Représentans les articles ci-après.

Art. 1. A l'ouverture de l'assemblée des Etats-Généraux, il sera présenté une adresse au Roi, pour le remercier d'avoir appellé la Nation, conformément au droit constitutif des Français, à délibérer et voter avec lui.

2. Nos Députés ne s'écarteront jamais de cet esprit de modération et de concorde, duquel seul on peut attendre une réunion efficace d'efforts pour rétablir l'ordre public et donner à l'Etat une constitution solide.

5. Ils n'accorderont de subsides que d'après les besoins réels et connus de l'Etat; dès-lors il n'y aura plus d'impôts perma-

nens, mais ils varieront comme les besoins.

4. Ils feront reconnoître de nouveau et proclamer en Etats-Généraux, que la Nation seule a le droit de consentir l'impôt.

5. Par une conséquence des deux derniers articles, ils demanderont l'abolition de tous subsides qui n'auraient pas été avoués par la Nation assemblée; mais pour donner une nouvelle preuve d'amour, de respect et de fidelité à sa Majesté, ils consentiront que toutes impositions subsistent jusqu'au jour où les Etats-Généraux cesseront d'être assemblés.

6. Nous chargeons nos Députés de faire prescrire le retour périodique des Etats-Généraux, ainsi que l'époque, forme de convocation, composition et tenue; observant en général qu'il est avantageux qu'ils ne soient pas trop éloignés, et qu'il semble convenir aux circonstances que la première époque soit très rapprochée.

7. Nos Représentans ne se départiront point du droit de voter par ordre; ils soutiendront irrévocablement le principe que sur ce droit, ainsi que sur tout autre point de législation ou d'imposition, il faut le consentement des trois ordres pour valider une délibération, et que jamais dans ces cas

l'adhésion de deux ordres ne peut contraindre le troisième.

8. Ils chercheront avec activivé quoiqu' avec discrétion, les motifs qui ont fait prescrire que le nombre des représentans du Tiers-Etat dans l'assemblée nationale indiquée au 27. Avril prochain, égaleroit celui des deux autres ordres réunis ; nos Députés inviolablement attachés au maintien de la monarchie, rangés sous l'abri des formes antiques et constitutionelles , demanderont aux Etats-Généraux que l'admission du Tiers en nombre égal à celui des deux premiers ordres réunis, soit déclaré insolite, inadmissible pour l'avenir et ne pouvant tirer à conséquence dans la circonstance actuelle ; ils requièreront acte de cette déclaration.

9. Les subsides, de quelque nature qu'ils soient, étant toujours une charge grave pour les peuples, et une portion enlevée à leur propriété, il est nécessaire de connoître bien parfaitement les besoins des diverses parties du service public, et des diférens départemens du Ministère, pour leur assigner les fonds convenables, sans plus ; corriger les abus ; établir l'économie, et former une distinction nécessaire entre la cassette du Roi et le

trésor de l'Etat; en conséquence nos Représentans, unis à ceux des autres Provinces,
exigeront des Ministres un état de situation
des finances exact et détaillé; ils connoîtront
du *déficit*, en examineront les causes, la
nature et le montant, et dresseront du tout
un tableau pour être communiqué et rendu
notoire à la Nation, par voie d'impression.

10. La liberté de l'homme étant la première de ses propriétés, elle sera assurée par
l'abolition de toutes lettres closes, lettres
d'exil, et autre espèce d'ordres arbitraires.

11. Faire statuer que toute Loi générale et permanente quelconque, bursale ou
non, ne soit établie à l'avenir qu'au sein des
Etats-Généraux, et par le concours mutuel
de l'autorité du Roi et du consentement de
la Nation; que les simples lois d'administration et de police soient, pendant l'absence des
Etats-Généraux, provisoirement adressées aux
Cours pour y être librement vérifiées et en-
régistrées; mais qu'elles n'auront de force
que jusqu'à la prochaine tenue de l'assemblée
Nationale, où elles auront besoin d'être rati-
fiées pour continuer à être obligatoires; qu'
aucun acte n'aura force de loi lorsqu'il n'aura
pas été enrégistré en pleine liberté.

12. Reconnoître comme dettes de l'Etat, pour cette fois seulement et sans que jamais cela puisse tirer à conséquence, tous les emprunts qui ont été librement enrégistrés par les Parlemens. A l'égard de toutes les autres dettes, nous nous en rapportons à la sagesse des Etats-Généraux.

Demander qu'il soit distrait du trésor royal tous les fonds qui auraient raport aux intérêts de la dette nationale, qu'il en soit fait une caisse particulière sur laquelle la Nation aura dans tous les temps une surveillance sans réserve, de manière que, même dans l'interruption de ses assemblées, l'emploi exact des dits fonds aux objets de leur destination, et la publicité, par voie d'impression, des comptes y relatifs, soit assurée.

15. Nos Représentans ne délibéreront sur aucun subside que tous les articles ci-dessus n'aient été préalablement accordés.

Dans le cas ou les Etats-Généraux seroient dissous sans le consentement exprès des trois Ordres, ils arrêteront que tous les tribunaux seront tenus, à peine d'en être responsables envers la Nation, de poursuivre comme Concussionaires toutes personnes qui s'ingéreroient à lever taxes ou impôts quel-

conques; tous les subsides étant nuls et illé-
gaux, n'ayant point été consentis par le vœu
unanime de la Nation rassemblée en Etats-
Généraux, ils déposeront leur arrêté, pro-
testation et réquisition au greffe des Cours
Souveraines.

14. La Noblesse du Poitou considérant
qu'elle a le même intérêt que les autres
individus de la Nation au maintien de l'ordre
public, désirant cimenter l'union entre les
Ordres, a consenti de supporter les charges
pécuniaires dans une parfaite égalité, en pro-
portion des fortunes et des propriétés. N'en-
tendant néanmoins faire aucun des sacrifices
pécuniaires énoncés, que dans le cas seulement ou les Etats-Généraux auront lieu, et
dans celui ou ils parviendront à statuer dé-
finitivement et authentiquement sur le rétablissement de la Constitution.

15. La Noblesse après avoir volontaire-
ment renoncé aux priviléges pécuniaires
dont elle jouissait, demande à être maintenue
et conservée dans tous ses autres droits,
prééminences, prérogatives, distinctions et
propriétés, tels qu'ils sont sanctionnés par les
précédens Etats-Généraux , et ordonnances
des Rois, comme étant son plus précieux

patrimoine, le gage de son amour et de sa
fidélité pour ses Princes, et liés nécessairement à la constitution du royaume, puisque
sans Noblesse il ne peut y avoir de Monarchie, et que sans prééminences et distinctions
il ne peut y avoir de Noblesse.

16. Nos Députés demanderont la responsabilité des Ministres.

17. La sanction de l'Assemblée Nationale
pour l'Édit concernant les non-Catholiques,
enregistré au Parlement au mois de Février
1788.

18. Des Etats pour le Poitou, afin que
la Province puisse s'administrer selon son
vœu et sa localité; et pour qu'aucune des
parties qui la composent ne soit privée de
cet avantage, ses Etats comprendront tout ce
qui est régi par la coutume de Poitou sans
égard aux Généralités dont l'arrondissement
est moderne et vicieux. Il résulte de ce plan
que les Intendans et leurs Subdélégués devien-
dront sans fonctions d'administration.

19. Nos Représentans feront voir la nécessité de ranimer l'agriculture et de soulager
la classe précieuse des laboureurs par la
diminution de l'impôt sur les terres. Ils
s'occuperont de faire cesser la guerre que

font à l'Etat ceux connus sous le nom d'agioteurs; ils démontreront que c'est à leurs manœuvres qu'il faut attribuer le taux exorbitant de l'argent, ce qui prive souvent le propriétaire des moyens d'améliorer son terrain.

20. La Noblesse ne devant être que le prix des grandes vertus, demander qu'elle ne soit plus accordée à prix d'argent ou par charge; qu'on ne puisse y prétendre que quand on se sera distingué, soit dans les armées par de longs services ou de grandes actions; soit dans les Cours souveraines par une vie longtems consacrée au maintien des lois; soit enfin dans toutes autres professions par un rare mérite et d'utiles talens.

Il est à désirer que sa Majesté approuve que la demande des annoblissemens de cette dernière classe lui parvienne par les Etats Provinciaux.

21. La liberté indéfinie de la presse sera établie par la supression absolue de la censure, à la charge par l'imprimeur d'apposer son nom à tous ouvrages, et de répondre personnellement, lui ou l'auteur, de tout ce que les écrits pourroient contenir de contraire à la religion dominante, à la constitution et aux lois du Royaume, au respect dû à la

personne sacrée du Roi, à l'honnêteté publique et à l'honneur des Citoyens.

22. Demander la prohibition de tout changement dans le titre et la valeur des monnoies.

23. Nos Députés demanderont qu'on rapelle les dispositions des précédentes assemblées nationales concernant les domaines de la Couronne, et d'après un examen réfléchi sur cet objet, ils solliciteront ce qui leur paroîtra convenable pour les droits du Roi et les intérêts de la Nation.

24. Les pensions étant une charge de l'Etat, mais cependant nécessaire; on demandera que les Etats-Généraux dans leur sagesse réglent la somme à laquelle la masse totale des pensions sera fixée; que la totalité des graces pécuniaires soit réunie par un même brevet, et qu'il ne puisse être cumulé plusieurs emplois sur une même tête.

25. Solliciter la supression des gages de ces charges honorifiques sans utilité, et quelquefois même sans fonctions.

26. S'il y a lieu de rétablir le Contrôle, demander un nouveau Tarif pour le Contrôle des partages, à un prix modique, dont le moindre droit soit de 3 liv. et le plus

fort de 120 liv. sans aucun accessoire, avec un effet rétroactif pour les partages précédemment faits qu'on voudrait faire contrôler.

Un autre tarif pour la fixation invariable de tous autres droits de Contrôle; lequel serait imprimé, et rendu public dans toutes Paroisses, déposé aux greffes des Hautes Justices, et affiché dans les bureaux de chaque Contrôleur.

27. Faire annuller à jamais ces places de Vérificateurs des actes, qui par leurs recherches cachées portent le trouble dans les familles, et empéchent souvent les arrangemens privés qui préviendroient des procès, et établiroient la paix entre des parens.

28. Solliciter la supression de ces impôts vexatoires, connus sous le nom de droits d'insinuation, centième denier, ensaisinement, réunis sous la dénomination de Régie des domaines du Roi, et dont le nom suffiroit pour blesser la Nation, puisqu'il annonce comme appartenant au Roi des objets qui font une partie réelle de la propriété des Citoyens.

29. Le reculement des Barrières jusqu' aux frontiéres du Royaume, afin de détruire ainsi une armée de Commis de tout genre

qui sont si à charge à toutes les classes de la société; et par le même motif un nouveau régime à l'égard des Aides, si on croit devoir les conserver.

3o. A l'égard de la suppression de la Gabelle, nos Députés seront chargés de la demander, sous condition que le produit net de cet impôt au trésor royal, sera remplacé par un nouveau subside supporté seulement par les Provinces qui y sont sujettes.

31. Demander une augmentation de Maréchaussée dans la Province.

32. L'emploi des Troupes à la confection des grands chemins.

33. L'établissement dans la Province d'un tribunal héraldique composé de quatre Gentilshommes et d'un Généalogiste, pour toutes les preuves de noblesse.

34. Faire réintégrer les Communes dans le privilége de nommer leurs Officiers Municipaux, et de disposer librement de leurs revenus sous l'inspection des Etats - Provinciaux.

35. Demander que toutes les fois qu'une propriété sera prise pour l'utilité publique, la valeur en soit payée argent comptant et suivant l'estimation par experts.

36. Que les Etats Provinciaux réservent une somme applicable à réparer les malheurs généraux et particuliers.

37. Que tous priviléges exclusifs soient suprimés.

38. Solliciter l'effet d'une déclaration du Roi, enrégistrée le 16. Janvier dernier au Parlement, qui nomme différens Magistrats pour s'occuper des moyens d'abréger les longueurs et diminuer les frais des procédures civiles et criminelles, et de perfectioner les Codes.

39. Que les Lois contre les banqueroutes soient sévèrement observées.

40. Demander que l'inamovibilité des offices soit reconnue.

41. Demander l'abolition de toutes commissions, évocations, attributions de jurisdiction, droits de Committimus, et la supression des lettres de jussion.

42. Un Parlement séant à Poitiers dont le ressort comprenne tout ce qui est soumis à la coutume du Poitou, ou à celle locale de quelque canton particulier de cette Province.

43. Considérant les capitulations ou contrats d'union qui assurent des droits par-

8

ticuliers aux habitans de certaines Provinces de la France, comme des actes sacrés
qui obligent solidairement la foi du Prince
et la foi de la Nation ; la Noblesse du Poitou refuse à ses Députés tout pouvoir pour
autoriser par leur consentement quelques
changemens que ce soit dans les droits stipu-
lés par ces capitulations ou contrats, à moins
que l'aveu de chacun des trois Etats de ces
mêmes Provinces ne les eut préalablement
consentis.

44. Employer de la part de nos Députés
tout leur pouvoir, pour faire revivre la
Chartre du mois d'Août 1436, par laquelle
Charles VII fit union du Comté de Poitou
Ville et Cité de Poitiers à la Couronne de
France, et ordonne et déclare par manière
de décret, et ordonnance royale. ,, Que lui et
,, ses successeurs, pour quelques moyens ou
,, accords qui puissent advenir, ne mettront, ne
,, consentiront mettre la Ville, Cité et Châ-
,, tellenie de Poitiers, Comté et pays de Poi-
,, tou, ne aucun des membres ne appartenan-
,, ces d'iceux, hors leur main Seigneurie ou
,, Couronne, ne les mettront, bailleront, ne
,, consentiront mettre, ne bailler, en, ne sous
,, autre main, seigneurie ou gouvernement

,, que sous celui du Roi nuement et sans
,, moyen quelconque, soit à ceux du sang royal
,, ou autres etc. "

45. Solliciter un réglement concernant
les Economats.

46. Dans le cas où l'Ordre du Clergé
demanderoit une augmentation de portion
congrue pour les Curés ou Vicaires, nos Députés veilleront à ce que la dite augmentation ne puisse être prise sur aucuns biens
appartenans aux Laïques.

47. Demander que cette partie du Code
militaire qui fixe l'âge de l'entrée au service,
le tems de rigueur qu'il faut y consacrer
pour obtenir la croix de Saint Louis ou
autres honneurs qui tiennent à la profession
des armes; la paye de l'officier et du soldat,
l'uniforme, équipement des troupes, les pensions de retraite, et le terme auquel elles
sont dues, reçoivent la sanction des Etats-
Généraux, et ne varient plus suivant l'opinion
particulière de chaque Ministre.

Engager les Etats-Généraux à suplier le
Roi d'ordonner que jamais un Officier ne
soit destitué de son emploi sans avoir été
jugé par un conseil de guerre, et de retirer
l'ordonnance qui autorise les coups de plat

de sabre; punition flétrissante et odieuse pour les Français, que l'honneur seul doit conduire.

48. Trouver les moyens d'abolir les milices et gardes-côte; établissement qui dépeuple les campagnes, et porte un préjudice à l'agriculture.

49. Demander la supression des offices de jurés priseurs.

50. L'uniformité des poids et mesures, et la réduction de celle des grains en pieds cubes.

Sur le surplus les Cométans s'en raportent aux lumières, à la sagesse et à la discrétion des Représentans, les autorisant à proposer, remontrer, aviser et consentir tout ce qui peut concerner les besoins de l'Etat, la réforme des abus, l'établissement d'un ordre fixe et durable dans toutes les parties de l'administration, la prospérité générale du Royaume, et le bien de tous et de chacun des Citoyens; promettant les avouer en tout ce qu'ils feront, et ont signé. Ainsi signé, le Marquis de Beufvier Grand-Sénéchal, le Comte de Mesnard, Duvergnuy, le Baron de Bremond d'Ars, Dapellevoisin de la Roche du maine, la Ressonniere, le Chev. d'Iversay, Chev. de Lande, le Comte de Mondion;

Lafaire, le Chev. du Ris, Vigoureux de la Roche, de Brissac, Brumauld de St. Georges, Chev. Filleau, Montmorency Luxembourg, le Maye de Moyseaux, le Roy de Preuilly, Morin de Boismorin, Vigier fils, le Chev. de Vaucelle, l'Huillier de la Chapelle, Tudert de St. Etienne, Thoreau des Roches, le Chev. de la Frapiniere, le Marq. de Marconnay, le Chev. de la Sayette, le Chev. de la Borrie, le Chev. de Gennes, Marq. d'Asnieres, Chateigner Seigneur de Tenessue, Jaillard de la Maronniere, Marq. de Richeteau, Chev. de Peyrelongue, de Rangot de Baron, le Chev. Babinet de Rencogne, le cheval. de Liniers, le Comte de la Messeliere, Bodet de la Fenestre, Desmier du Roc, le Marq. d'Aloigny Rochefort, le Chev. de Marans, le Chev. Gulot du Rijou, le Comt. de Médel, le Baron de Sesseval, le Chev. du Chillou, Dutillet, Gourjault, de la Rochefoucauld, Bayers de Beaulieu, Babinet de Vanceile, Baron de Kéuling, De Lauvergnat de la Lande, Courtinier de la Millianchere, Audebert de Nieuil, Raity de Villeneuve, Vittré, de Bazôges, Sapinaud des Noues, de Maynard, De Savatte, Chev. de Genouillé Off. d'Inf., de la Rochefoucauld Bayers Cap. des Vx. du Roi, Esperon de Beauregard, de Brochard, Chev. de Chasteigner,

de la Coudraye, le Chev. Millon, Demasson-
gnes, Michel des Essarts, le Comt. de Chasteigner, le Marq. du Chaffault, Marin des
Roullieres, Vt. de Chabot, Montaudouin, Surineau de Brem, Frottier de la Messeliere, de
Buor du Rossay, de la Rochebrochard, Baron
d'Auzay Degennes d'Ecuré, le Vt. de la Châtre,
de Blom, de la Fontenelle, de Bechillon
de l'Epinoie, le Comt. de Laistre, Macé de la
Barbelays, de Fricon, de Rossy, Buor de la
Jousseliniere, de Bunault de Monbrun, Imbert de la Terriere, de Lespinay, de Bejarry,
de la Brousse, de Jourdain, la Crapte, Comt.
de Saint Abre, Saint Fief. Chev. Clervaux, De
Royrand, Richard de Fretêt, de Citoye, De la
Barre, Maugin de Joumay, Chabot de Lussay,
le Chev. de Moulins-rochefort, Charles Chev.
de la Coindardiere, Mayaud de Boislambert,
Blondeau du parc, Conty, de la Poitevigniere,
Marq. de Lescours de Puygaillard, de Grimou-
ard, Rorthais de Marmande, Morin des Me-
zerest, Poictevin de la Riviere, Dulys, De
Froch de Marit, Savignac des Roches, Creuzé,
Duris du Charrault, Guichard d'Orfeuille,
Janvre de la Bouchetiere, Desfrancs, Poignant
de la Saliniere, Babinet de Montégon, de
Savatte de Genouillé, le Comt. du Vigier de

Mirabal, le Vte. de Chataigner, Béchillon de Pressec, De Vassé, Boisseau d'Artige, Delàage, le Chev. de Lorgere, de la Bussiere, de Barbezieres, Sapinau de la Vairie, d'Iversay, de Bedeau de Lecochere, de Pont jarno, Sapinau de la Verrie, de Rangor de la Bordeliere, le Comt. du Moulin Rochefort, St. Imbert de la Choltiere, de Coral de Lautier, de Belcastel, Voyneau du Plessis, Rougier, Chantreau, Tinguy de la Nauliere, la Roche St. André, Marq. des Dorides, Filleau, Defumé, le Comt. de Marconnay, le Marq. de l'Espinay, de Lezay, de Grandchamps, Dulandreau, Jacobsen de la Crosniere, Maichin, Màncier, de Mercier, la Touche de la Guittiere, le Chev. de Foy, Pinault de Bonnefonds, Labussiere de Juterau, le Chev. du Trochet; Tusseau de Maisontiers, le Comt. de Mesnard, le Chev. Irland, Richard du Garreau, d'Houdan Cap. au Regt. de Bearn, le Chev. Constant, Duchesne de St. Léger, le Chev. de Chabot, Chev. de Bardin, le Marq. de Mortagne de Jaudonnet de Langreniere, de la Haye, Delestang, de Furigny, Fournier de Boisairault, Richard de Tussac, le Chev. de la Porte, Pallu du Parc, de la Porte, de Forge, Gauvain du Margat, du Tréhan Buor

de la Lande, Coutocheau de St. Hilaire, de
Goulaine, Pallu du Parc, Chauvelin de Beauregard, Revau de St. Varant, Marq. d'Asnie-
res-la-Chataigneraie, Desroches de Chassay,
de Brouilhac, Chasteigner, Chauvelin fils,
Rochebrochard, De Courtinier, de la Voirie,
Baron de Liniers, Badereau de Soullans,
Morin de grandpré, Deguignard de la Salle,
le Chev. de Tusseau, le Rou de la Chenaie,
Chabiel de Moriere, Marans Off. au Commis.
gén. " Buignon, le Comt. d'Orfeuille, de
Bridieu, de Folzer, Gaillard, Maigret de Vil-
liers, Chev. Viart, Demagne de Joussé, Yon-
gues de Sevretanc chev. leger, De Parzay, le
Chev. de Menon, Villedon de Gournay, le
Marq. de Crugi-marcillac, Réné Danché, de
Luchet de Feste, Desecherre, le Chev. de
Moissac, Demontalamber, Chev. de Morras,
de la Coussaye, Chev. Morin, de Bremond
de la Lende, de la Claviere, De Pindray,
Lambertye, d'Aulée de Ferriere, le Chev.
Gay, Dupuy d'Anché, Chebrou de Lespinats,
I. Thamaing de Prenaud, Demascureaud,
Dubreuil, hélion de la Guerronniere, Nucheze,
Pindray de la Roche, Jourdain, Desprez
d'Ambreuil, le Marq. de Cugnac, ' Gilbert
Comt. de Loheac, Savatte de la Mothe, Jau

de Chantigné, Louveau Chev. de la Guigne-
raie, Darrot, Viault de Pontevaun, le Chev.
de Jauvre, le Marq. de Villemort, le Chev.
Viault de Breuillac, le Comt. de Carvoisin,
le Comt. de Bardin, Daux, Robert Marq. de
Lezardiere, Dechassenon, Garnier de Boisgrol-
lier, Jouslard, de Boisragon, de Bessac, Dela-
ferandiere, Bellin de la Liborliere, Hugueteau
Proc. du Roi de Niort, Chev. des Essarts de
la Bessiere, le Marq. de Gourjault, le Marq.
de Breuilhac, de Grimouard, Duval de la
Vergne, Marq. Vallin, le Chev. de Bessay,
Buor de Boislembert, le Chev. de Gentet, de
Baudry d'asson, de Suyrot, Grimouard Dupéré,
Brunet de Sairigné, Foucher de Brandois,
Moreau des Moullieres, de Loynes, de la
Rochefoucault Bayers, le Chev. de la Coudraye, Martel, L. L. du Murault, Ranfrais de
la Bajonniere, Demoysen, le Baron de Lezardiere, Surineau de la Menolliere, Simon de
Galisson, Venour, Robert, de Lezardiere de
la Salle, Angron de Rouilly Scourions de
Boismorand, Morisson de la Bassetiere, Dupin
de la Gueriviere, le Coigneux, Chev. de Bé-
labre, Decollard, le Baron de la Chastre, De-
may de Fontafret, d'Asnieres de Villefranche,
de la Sayette, De Roquard, De Fougieres, Savatte

de Génouillé Chev. de St. Louis, le Marq.
des Moutiers, de la Faire, Auboutet, le Chev. de
Corat, Delaporte du Theil, Laprincerie, Ta-
veau, Demarquet, Desmarquets, de St. Hilaire,
Richard, Deceré père, le Chev. Desmarquets,
Maugin de Beauvais, le Comt. de St. Mathieu,
Coral, Duchastenet, Dusoulier, Martin de
Jartraux, de la Barlottiere, De Pradel, Bouchet
de Lingrimiere, le Chev. de Molé Liut. de
Vaissx., Duplessis Moreau, le Chev. de St.
Hilaire, Dephilipe, Grelier anc. Cap. de
Vaissx., de Chevreuse, Grellet de Prade, le
Chev. de Mercier, Panon de Faymoreau, le
Baron de Vareilles, Bernon du Puitumer, le
Chev. de la Chapelle, Desprez - montpezat,
Peyraud de Serigny, Lacheze de Magot, The-
vonneau, Bellin de la Boutaudiere, Ogeron
de Villier, Gentet de Lachesneliere, Deteil,
le Marq. de la Vauzelle, Grimouard de St.
Laurent, Martel, Guiot de Ferrodiere, Mayaud
de Boislembert, le Chev. de Lussabeau, De Bril-
hac, le Chev. de Guinebauld de la Milliere,
de Vaucelle, Buor de la Menardiere, Puibo-
tier, le Moyne de Beaumarchais, Touzalin,
Chev. de la Resniere, Irland Chev. de St.
Louis, Rochejacquelin, Decar, le Comt. de
Villenon, Desbordes de Jansac. Texier de St.

Germain, Comt. D.                           , de
Vaugirauld, Soulas de la Rochereau, de Reg-
non de Chaligny, Gourdeau du Plessis, Deco-
lard Chev. de Lefte, Demargual, Richard
Chev. de Tussac, Deconan, de Ribeyreys, le
Chev. Thibault d'Allerit, le Chev. Descourtis,
de Rechignevoisin, le Chev. de Liniers, Dejaros-
son, le Comt. de Ioubert de Cissé, Derazes,
Jauvre de Bernay, Babinet de Chaumé, Fayolle,
le Chev. de la Faire; Augron du Temple,
Perault de la Franchere, le Chev. de Lorgere,
de la Touche de la Guillonniere, Dutheil,
Gourjault d'Angle, Augron du Temple
de Busay, Chéssé d'Anzecq Desnouhes,
Decaillo de Maillé, d'Aque de la Voute, de
la Faire de Tholet, Regnier de Lembrumiere,
de Boisragon, de St. Sulpice, Boynet, de
Ferriere de Marsay, de Villedieu, Bellivier
de Prins, Gorin de Ponsay, Guyot de Les-
pars, Delahaye Montbault, du Roussay, de
Curzon et de Rameru.

A trois heures et demie, M. le Grand-
Sénéchal s'est levé et a indiqué la continuation de la séance pour six heures du soir.

Tout le monde étant rentré dans la
salle, M. le Grand-Sénéchal a dit que l'on
alloit procéder à un scrutin qui renfermeroit

trois objets; le premier celui de nommer des
scrutateurs pour ouvrir les billets de nomination des Députés aux Etats-Généraux, en
conformité de l'art. 47 du réglement; le second de nommer quatre commissaires pour
l'assister et former son conseil dans la vérification des titres et pouvoirs, si l'on élevoit
des doutes sur ceux de quelques membres de
l'assemblée. Le troisième de fixer la somme
que l'Ordre de la Noblesse jugera convenable
d'attribuer par jour à chacun des Députés
qu'elle nomera, ainsi que celle des frais de
leur voyage.

M. le Grand-Sénéchal a ensuite invité
M. M. les plus anciens d'âge à se placer
devant le bureau, pour assister au dépôt des
billets dans les urnes à ce destinées; et ensuite pour les ouvrir et nommer ceux qui auroient
réuni le plus de voix dans l'assemblée. Ce sont M.
M. de Genouillé, du Tréhan et le Marq. de Vassé,
qui ont rempli ces fonctions.

Après l'appel de tous les membres, suivant l'ordre de leur comparution, et chacun
ayant déposé les billets des nominations qu'il
entendoit faire, M. M. les plus anciens d'âge
ont observé qu'il était dix heures et demie,
et qu'il convenoit de renvoyer la séance au

lendemain. Ils ont en conséquence renfermé et scellé les billets de tous les scrutins, dans quatre paquets séparés, et les ont remis dans le portefeuille du Secrétaire, qu'ils ont également scellé, et ont demandé que la séance fût renvoyée à demain 29 de ce mois huit heures du matin. Fait et arrêté les jours et an que dessus; ainsi signé le Marq. de Beuf-vier Gd. Sénéchal et Filleau Secrétaire.

*Du Dimanche 29. Mars 1789 huit heures du matin.*

Le Secrétaire a remis son portefeuille scellé sur le bureau, examen fait des cachets qui y étaient apposés, on a procédé à la vé-rification des noms de ceux qui auroient la pluralité des voix pour être élus Scrutateurs.

Un membre de l'assemblée a observé que le scrutin, qui avoit pour objet la nomi-nation des Commissaires, afin d'assister et for-mer le conseil de M. le Grand-Sénéchal, fe-roit perdre un tems précieux; que l'on ne devoit plus s'occuper aujourd'hui, après la rédaction et signature des Cahiers et Instruc-tions, de cet examen rigoureux; en conséquence il a été convenu que l'on en brûleroit tous les billets, ce qui a été exécuté sur le champ.

L'opération de M. M. les plus anciens

d'âge finie, ils ont annoncé que M. M. le Vicomte de Chasteigner, V^te. de la Châtre, et Comte de Lambertie étaient ceux qui avoient réuni le plus de suffrages. On a ensuite proposé afin d'accélérer la nomination des Députés de donner un adjoint au Secrétaire pour l'aider dans la suite de son travail. L'assemblée s'est réunie à demander celui de ses membres qui avait eu le plus de voix après les trois scrutateurs, M. le Chev. de la Coudraye a été élu.

On a annoncé ensuite que la somme pour laquelle le plus grand nombre des membres de l'assemblée avoient voté, était celle de 480 liv. pour indemniser chaque Député de tous les frais de ses voyages, et de 12 liv. par jour pendant son séjour à Versailles, à compter de huit jours avant celui où ils seront apellés jusqu'au moment de leur départ.

On a commencé le premier scrutin pour l'élection des Députés, et l'on a apelé tous les membres, les uns après les autres, pour remetre de la manière la plus ostensible leurs billets dans l'urne. Cette opération s'étant terminée à trois heures et demie, M. le Grand-Sénéchal en a indiqué la continuation à six heures du soir; en conséquence les scrutateurs ont scellé l'urne du cachet de leurs armes, et posé une sentinelle à la garder pendant leur absence.

— A six heures l'assemblée s'étant trouvée formée on a observé que l'importance des objets actuels sembloit exiger que le procès verbal de chaque séance fut non seulement arrêté par M. le Grand-Sénéchal comme présidant l'assemblée, mais encore par des Commissaires. Cette motion ayant été universellement adoptée, on a prié M. M. les trois plus anciens d'âge qui avoient déjà fait les fonctions de scrutateurs et M. M. les scrutateurs actuels de remplir le vœu unanime, et de signer et arrêter toutes les délibérations, pour qu'elles puissent être obligatoires pour tous les membres de l'assemblée.

On a ensuite fait le recensement des voix qui avoient concouru au scrutin, et compté les billes déposés dans l'urne, le nombre des Votans montant à huit cent soixante et onze, s'est trouvé Parfaitement égal; et M. Anne Charles Sigismond de Montmorency de Luxembourg, Duc de Luxembourg, Pair de France, Comte d'Olonne s'étant trouvé réunir quatre cent quarante et une voix, a été élu à la majorité de onze.

Lecture a été donnée du procès verbal de la séance précédente, et l'assemblée indiquée pour demain 30. Mars sept heures précises du matin. Fait et arrêté les jour et an que dessus par nous; ainsi signé, le Marq. de Beufvier Grand - Sénéchal, de Vassé, le Vicomte de Chateigner, Claude Vicomte de la Châtre, le Comte de Lamberty, Du Tréhan, Savatte de Genouillé, et Filleau Secrétaire.

*Du lundi 30. Mars 1789 sept heures du matin.*

L'assemblée étant formée, après avoir eu lecture du procès verbal de la sénce précédente, on a fait l'appel en la forme ordinaire pour procéder au scrutin du second Député; mais l'absence d'un trés grand nombre des membres ayant nécessité un second appel, plusieurs personnes ont observé que cela faisoit perdre beaucoup de tems, et qu'il seroit à désirer qu'il y eut une heure fixe à laquelle tout le monde fut obligé de se trouver. En conséquence il a été arrêté qu'étant de principe que lorsqu'une assemblée est indiquée à une heure fixe, elle est censée complette, dorénavant l'on seroit dans l'obligation stricte d'être arrivé à huit heures du matin, et le soir à cinq heures; que chacun viendroit déposer son billet à son tour suivant l'appel, et que l'on ne seroit plus reçu à le présenter lorsqu'il seroit passé.

Les Scrutateurs après avoir fait le recensement des billets, ont déclaré qu'il y avoit huit cent cinquante quatre Votans, et que la personne qui réunissoit le plus de suffrages, n'ayant que trois cent soixante voix, il falloit procéder, en conformité du réglement, à un second scrutin, ce qui a été exécuté.

Le dépôt des billets ayant été terminé vers les deux heures et demie de l'après dinée, et leur nombre montant à huit cent neuf arrêté par les Scrutateurs; ils ont remis les billets dans l'urne, l'ont scellée, et mis une Sentinelle à la garder, pour être ouverte à cinq heures, heure indiquée pour la continuation de la séance.

M. le Grand-Sénéchal étant sorti, les membres de l'assemblée ont prié M. M. le Vicomte de Chasteigner, Vte. de la Châtre, de Bazôges, Cte de Lambertie, de Reignon, Delaferre, Chev. Filleau, Maugin de Joumay, Baron de l'Epinay, De Genouillé, Cte de Pra-

9

del, Cte. Duchilleau, Marq. des Dorides, Marq. de Gourjault, Marq. de Reignon et de Boisgrolier, d'aller lui témoigner au nom de l'Ordre de la Noblesse, l'intérêt qu'elle prenoit à sa juste douleur *).

A cinq heures précises les Scrutateurs ont procédé à la vérification des billets, et ont déclaré que le choix n'étoit pas encore déterminé par la pluralité; que M. de Crussol d'Amboise pour lequel il y avoit le plus de Votans n'avoit que trois cent quatre-vingt douze voix, et que c'étoit avec M. le Vte. de la Châtre, qui réunissoit le plus de suffrages après lui, qu'il alloit concourir.

Ce troisième tour de scrutin terminé, M. Anne Emmanuel François Georges de Crussol Duzes, Marq. d'Amboise et de Fors, a été élu pour second Député, ayant obtenu quatre cent soixante voix sur huit cent six Votans.

On a observé que l'absence de M. le Marq. de Crussol obligeoit l'assemblée de lui nommer un supléant, en conformité de l'article 48 du réglement, et que l'on devoit s'en occuper préalablement à toute autre nomination.

*) M. le Grand-Sénéchal venoit d'apprendre la mort de son père.

Les opinions ayant été longtems débatues, M. le Grand-Sénéchal craignant que si l'on commençoit quelques opérations, elles ne fussent prolongées trop avant dans la nuit, a levé la séance, et l'a indiquée pour le lendemain en conformité de l'arreté de ce jour. Fait et arrêté les jours et an que dessus, ainsi signé le Marq. de Beufvier Gd. Sénéch., le Vte. de Chasteigner, de Vassé, Claude Vte. de la Châtre, le Comte de Lambertye, Dutrehan, Savatte de Genouillé et Fillau Secrétaire.

### Du Mardi 31. Mars 1789 huit heures du Matin.

Lecture a été faite du procès verbal de la séance précédente, l'assemblée formée, un des membres a observé que la nomination du Supléant de M. le Marq. de Crussol, paroissant souffrir quelques difficultés, il valoit mieux la renvoyer à la suite de la nomination des Députés. Cette motion universellement adoptée, on a procédé au scrutin pour nommer un troisième Député, et M. Claude Vte. de la Châtre ayant eu trois cent trente huit suffrages sur six cent cinquante neuf Votans, il a été élu.

On a sur le champ procédé au scrutin

de nomination du quatrième Député. Le choix de l'assemblée s'est réuni sur M. François Célestin de Loynes, Chev. de la Coudraye qui a eu quatre cent trente neuf voix: le nombre des Votans étoit de sept cent soixante sept.

La continuation de la séance renvoyée à cinq heures du soir on a fait un nouveau scrutin, pour nommer le cinquième Député. Il y avoit a l'assemblée sept cent soixante quinze suffrages, M. Philipe Comte de Iouslard d'Iversay en ayant réuni quatre cent trente neuf, a été élu. Fait et arrêté les jour et an que dessus, ainsi signé le Marq. de Beufvier Gd. Sén. le Vte. de Chasteigner, Claude Vte. de la Châtre, le Comte de Lamberty, Dutréhan, de Vassé, Savatte de Genouillé et Filleau Secrétaire.

*Du Mercredi 1 Avril 1789 huit heures du Matin.*

Lecture a été donnée du procès verbal de la séance précédente. On a ensuite procédé au scrutin pour nommer le sixième Député. Le recensement des billets fait, les Scrutateurs ont déclaré que le nombre des billets étoit de six cent quarante deux, et que la personne qui réunissoit le plus de suffrages n'ayant que deux cent cinquante huit voix, il falloit en recommencer un autre.

Le nombre des voix s'est trouvé à ce second tour de six cent quarante six, dont M. du Bouex Marq. de Villemort en réunissoit deux cent quatre vingt; mais n'ayant pas la pluralité requise par le réglement, ils ont annoncé que désormais il concoureroit seulement avec M. le Comte de Lambertie, celui qui réunissoit le plus suffrages après lui.

Au troisième tour M. Marie Memin du Bouex Marq. de Villemort ayant eu trois cent trente voix, sur six cent dix neuf, a été élu.

La séance ayant été continuée à cinq heures du soir on a procédé au scrutin de nomination du septième Député; mais les Scrutateurs ayant déclaré que la personne qui avoit le plus de voix n'en réunissoit que deux cent soixante et douze sur six cent soixante et quatorze, il a été dit que l'on procéderoit à un nouveau scrutin le lendemain deux avril, à l'heure indiquée par l'arrêté du 3o. Mars. Fait et arrêté les jour et en que dessus, ainsi signé le Marq. de Beufvier Grand-Sénéchal, le Vte. de Chasteigner, Claude Vte. de la Châtre, le Comte de Lamberty, Dutréhan, Savatte de Genouillé, de Vassé et Filleau Secrétaire.

### Du Jeudi 2 Avril 1789 huit heures du Matin.

Lecture a été donnée du procès verbal de la séance précédente. On a recommencé le second tour de scrutin pour la nomination du septième Député, et d'après le rapport des Scrutateurs, M. le Comte de Lambertie n'ayant réuni que 214 voix sur 534, M. le Grand-Sénéchal a déclaré que ce seroit seulement avec M. le Marq. de la Rochedumaine qu'il alloit désormais concourir.

Le troisième tour terminé, M. Joseph Emmanuel Auguste François Comte de Lambertie Maréchal des camps et armées du Ro 'ayant eu 288 suffrages sur 528 a été élu.

Les sept Députés nommés, un des membres de l'assemblée a proposé d'écrire à Mgr. Comte d'Artois pour lui témoigner combien elle regretoit que son rang l'eut empéché de lui demander d'étre du nombre de ses Députés, et l'assurer que quoiqu'elle paroisse jalouse de faire revivre les anciens priviléges de la Province, monument respectable de la fidélité et de l'attachement qu'elle a toujours eu pour ses Rois; elle n'en est pas moins persuadée des sentimens de bonté et de générosité qui l'animent, et ose se flatter qu'elle ne dédaignera pas son hommage. Cette motion unanimement adoptée, il a été arrêté que l'on adresserait à son Altesse Royale la lettre suivante.

## MONSEIGNEUR!

„ La Noblesse du Poitou n'a vu qu'a-
„ vec peine que votre rang la privoit de l'a-
„ vantage de vous placer à la tête de ses
„ Députés: elle se seroit estimée trop heureu-
„ se qu'un tel choix lui eut été permis;
„ mais, Monseigneur, elle ne réclame pas
„ moins vos bontés. Sa confiance pour les
„ obtenir est fondée sur l'attachement que
„ vous avez fait connoître d'une manière si
„ digne de vous pour l'Ordre entier de la
„ Noblesse, parmi laquelle vous vous êtes
„ fait gloire de vous ranger. C'étoit annoncer
„ par là d'une façon bien flateuse pour elle,
„ que son existence vous paraissoit intime-
„ ment liée à la constitution de cet Empire.

„ La plus vive reconnoissance est un
„ tribut que la Noblesse du Poitou se fait
„ un devoir particulier de vous rendre. Si en
„ défendant les priviléges de sa Province elle
„ semble se refuser à des liens qui l'attachent

„plus directement à vous, elle ose compter
„néanmoins sur votre appui C'est vous prou-
„ver, Monseigneur, l'opinion qu'elle a con-
„çue d'un Prince tel que vous: elle ne craint
„point que des réclamations dont votre per-
„sonne auguste ne peut jamais être l'objet,
„vous blessent et affoiblissent les sentimens
„généreux que vous avez fait paroître. Elle
„ose donc se flatter que vous daignerez ac-
„cueillir ses Députés, vous montrer leur sou-
„tien, et recevoir l'hommage qu'ils sont char-
„gés de vous offrir pour elle.“

Nous sommes etc.

On s'est ensuite occupé de nommer le supléant de M. le Marq. de Crussol; et l'assemblée est en même temps convenue, dans le cas ou M. le Marq. de Crussol accepteroit sa commission, de le charger de remplacer en général celui de ses Députés qui, par mort, maladie ou autre empéchement, ne pourroit assister à l'assemblée nationale. Le nombre des Votans étant de 413, et celui qui avoit le plus de voix n'en ayant réuni que 178, il a été dit que l'on procéderoit à un second scrutin. En conséquence la continuation de la séance a été renvoyée à cinq heures du soir.

L'assemblée formée on a procédé au

second tour de scrutin, et M. Charles Gabriel
René d'Apellevoisin Marquis de la Roche-du-
maine. Maréchal des Camps et Armées du
Roi, ayant eu 253 voix sur 454, a été élu.

M. le Grand-Sénéchal étant sorti, un
membre de l'assemblée a proposé de nommer
une députation pour aller le remercier au
nom de la Noblesse de l'avoir présidée; tous
les membres, approuvant cette motion, ont
unanimement décidé quils se réuniroient en
corps chez M. le Vicomte de Chasteigner, et
iroient lui porter eux-mêmes le témoignage
de leur reconnoissance et de leur attachement.

On a ensuite observé que le tems que
dureroient les Etats-Généraux pouvoit être de
longue durée; que la mort, des maladies ou
autres événemens imprévus pouvoient priver
la province d'un ou plusieurs de ses Réprésentans, ce qui pouvoit lui faire le tort le
plus notable; qu'il étoit donc à désirer que
dans le moment où la Noblesse étoit encore
assemblée, elle pourvut de supléans munis de
sa confiance ceux de ses Députés qui par
quelque empéchement, ne pourroient assister
à l'assemblée nationale: qu'au premier avis
que les Députés de la Province leur donneroient, ils seroient tenus de se rendre aux

Etats-Généraux, l'assemblée de la Noblesse
du Poitou les regardant comme ses propres
Députés, et leur donnant, en ce cas seulement, ainsi qu'au premier supléant, les mêmes pouvoirs qu'a ceux précédemment nommés. La plupart des membres ayant néanmoins manifesté leur désir de se retirer chez
eux, il a été unanimement convenu que l'on
nommeroit deux supléans, et que celui qui
réuniroit le plus de suffrages à chaque tour
de scrutin, seroit élu, sans être obligé d'en
recommencer un second.

On a ensuite procédé à l'élection dans
la forme ordinaire; et M. Pierre Marie Irland
Chevalier Seigneur de Bazôges Lieutenant-
Général en la Sénéchaussé et Comté de Poitou,
ayant eu le plus de voix, a été déclaré élu.

La séance a été renvoyée au lendemain
3 Avril huit heures du matin, ainsi signé,
le Marq. de Beufvier G. S., le Vicomte de Chasteigner, Vic. de la Châtre, le Comte de Lambertye, Datréhan, de Vassé, et Filleau Secr.

*Du Vendredi 3 Avril 1789 huit heures
du Matin.*

Lecture a été donnée du procès - verbal
de la séance précédente.

On a procédé à la nomination du second suppléant, et M. Henri Filleau Chevalier, Seigneur des Groges, Procureur du Roi en la Sénéchaussée de Poitiers, et Secrétaire de l'Ordre de la Noblesse, ayant réuni le plus de suffrages, a été élu.

On a ensuite observé la nécessité d'établir une correspondance entre les Députés aux Etats-Généraux, et les autres membres de leur Ordre dispersés dans la Province; la matière mise en délibération, il a été unanimement convenu, que l'on inviteroit tous et chacun des Gentils-hommes de concourir à fournir à la première demande des Députés tous les renseignemens dont ils pourroient avoir besoin, et que l'on s'adresseroit particulièrement à Poitiers à M. le Chevalier de la Broue, et en son absence à M. Savatte de Genouillé, ainsi qu'à M. M. les Suppléans correspondans nés de l'assemblée;

au Blanc, à M. le Comte de Bardin;
à Mont-morillon, à M. Richard de Tussac;
à Confolens, à M. de la Vauzelle;
à Rochechouart, à M. de Saint Mathieu;
à Chefboutonne, à M. Maichain de la Toucherolle;
à Civray, à M. le Marquis de Fayolle;

à Aigre, à M. de Barbezieres;

à Couhé, à M. de Rechignevoisin de Guron;

à Saint-Maixant, a M. le Comte d'Orfeuille
Chauvin;

à Parthenay, à m. Després de Monpezac;

à Thouars, à M. le Baron de Bremond d'Ars;

à Bressuire, à M. le Marquis de la Fontenelle;

à Niort, à M. Chebrou de l'Espinasse;

à Fontenay, à M. de Grimouard de Saint-
Laurent;

à la Chataigneraie, à M. Moreau Duplessis;

à Châtillon, à M. le Marquis de la Roche-
jaquelin;

à Mortagne à M. Sapineau de la Verrie;

à Luçon, à M. le Marquis de la Coudraye;

aux Sables-d'Olonne, à M. le Marquis de
Vaugiraud de Rosnay;

à Montaigu, à M. le chev. de la Roche Saint-
André;

à Challans, à M. Imbert de la Terriere.

Arrêté en outre que pour la répartition
des sommes que l'ordre de la Noblesse a jugé
devoir allouer à ses Députés pour leur dépense,
ainsi que pour les frais de correspondance et
autres, on s'en rapporteroit à la prudence des
Etats-Généraux.

M. le Grand-Sénéchal a indiqué l'assemblée Générale des trois ordres à demain, dix heures du matin, pour recevoir le serment dans la forme prescrite.

Fait et arrêté les jour et an que dessus; ainsi signé le Marq. de Beufvier Grand-Sénéchal, le Victe. de Chasteigner, le Cte. de Lambertye, Claude Vte. de la Châtre, Savatte de Genouillé, Dutréhan et Filleau Secrétaire.

Pour copie collationée à l'original
Picquet Greffier

Vû et vérifié par Messieurs les Commissaires, ce 8. Mai 1789.

*Le Berthon, par l'absence de M. le Comte de Monboissier, aprouvant l'écriture et la vérification ci-dessus.*

~~~~~~~~

Dans la foule des calomnies qu'ont entassées les Révolutionaires de France pour rendre le gouvernement Monarchique odieux, et qu'à force d'effronterie, ils sont parvenu à faire croire, on a dit que sous les Rois la Nation Française étoit constament comptée pour rien, et que son nom même n'étoit jamais prononcé dans aucun acte.

Pour répondre à ce fait, on va faire connoître le serment que prêtoient les Militaires lorsqu'on les agrégeoit à l'ordre de Saint-Louis; et, vû sa briéveté, on donnera même l'instruction toute entière que l'on étoit dans l'usage d'envoyer pour ces réceptions, dont on a ici un exemplaire sous les yeux. On ne doit pas perdre de vue que ce serment est précisément celui que créa Louis XIV en instituant cet ordre.

~~~~~~~

# INSTRUCTION

*pour recevoir des Chevaliers de l'Ordre Militaire de Saint-Louis, et formule du serment à leur faire prêter.*

Lorsque les officiers que M.     doit recevoir Chevaliers de l'ordre de Saint-Louis, se seront rendus près de lui pour être reçus conformément aux ordres du Roi, il les fera mettre à genoux et découverts, ayant la main droite levée; et lui, debout et couvert, fera lire à haute voix le serment qui suit:

„Vous jurez sur la foi que vous devez à Dieu „votre créateur, que vous vivrez et mourrez dans la „Religion catholique, apostolique et romaine:"

„Que vous serez fidele à la NATION et au Roi, „et ne vous départirez jamais de l'obéissance que „vous devez à Sa Majesté, et à ceux qui commandent „en son nom:"

„ Que vous garderez, défendrez et soutiendrez
„ de tout votre pouvoir, l'honneur, l'autorité et les droits
„ de la NATION et du Roi, envers et contre tous. "

„ Que vous ne quitterez jamais le service du Roi
„ pour entrer dans celui d'un Prince étranger, sans la
„ permission et agrément par écrit signé de sa Majesté: "

„ Que vous révélerez tout ce qui viendra à vôtre
„ connoissance contre les intérêts de la NATION et
„ du Roi, ou contre la personne de sa Majesté, et
„ que vous garderez, exactement les statuts et régle-
„ mens de l'ordre de Saint-Louis, auquel sa Majesté
„ vous a agrégé, en vous honorant d'une place de
„ Chevalier en icelui: "

„ Que vous vous comporterez en tout, comme un
„ bon, sage, vertueux, et vaillant Chevalier est obligé
„ de faire, ainsi que vous le jurez et promettez "

Le dit serment lù et les chevaliers ayant promis
de garder et observer ce qui y est contenu, M.
tirera son épée du fourreau et leur en donnera un
coup du plat sur chaque épaule: et les embrassant
ensuite, leur dira ces mots: *Au nom de sa Majesté,
et suivant le pouvoir qu'Elle m'en a donné, De par
Saint-Louis je vous fais Chevalier:* et à l'instant il
leur remettra à chacun une Croix du dit ordre, avec
le ruban couleur de feu, pour être les dites croix
attachées et portées dorénavant par les dits Chevaliers

sur l'estomac, comme font et *sont obligés de faire* les autres Chevaliers du dit ord.e; ensuite de quoi ils se retireront, et M.            informera sa Majesté de ce qu'il aura fait en exécution de la présente, et marquera le jour qu'il aura procédé à la reception des dits Chevaliers.

Fait

www.ingramcontent.com/pod-product-compliance
Lightning Source LLC
Chambersburg PA
CBHW071811090426
42737CB00012B/2041